O Guia Completo de Autocuidado para Bruxas

Título do original: *The Witch's Complete Guide to Self-care.*

Publicado pela primeira vez em 2021 por Chartwell Books,
impresso por The Quarto Group,
142 West 36th Street, 4th Floor, Nova York, NY 10018, USA
Fone (212) 779-4972 Fone (212) 779-6058
www.QuartoKnows.com

1ª edição 2022.

2ª reimpressão 2023.

Design da Capa e do Miolo: Emma Clayton / Impresso na China.

Editor: Adilson Silva Ramachandra
Gerente editorial: Roseli de S. Ferraz
Gerente de produção editorial: Indiara Faria Kayo
Editoração eletrônica: Join Bureau

Dados Internacionais de Catalogação na Publicação (CIP)
(Câmara Brasileira do Livro, SP, Brasil)

Corinth, Theodosia
O guia completo de autocuidado para bruxas: mais de 100 rituais, feitiços e práticas místicas acessíveis para ajudá-la a se reconectar com o corpo, a mente e o espírito / Theodosia Corinth; tradução Denise de Carvalho Rocha. – 1. ed. – São Paulo: Editora Pensamento, 2022.

Título original: The witch's complete guide to self-care
ISBN 978-85-315-2187-4
1. Bem-estar 2. Bruxaria 3. Cuidados pessoais 4. Cura 5. Saúde I. Título.

22-101446 CDD-133.446

Índices para catálogo sistemático:

1. Bruxaria: Autocuidado: Práticas místicas: Ocultismo 133.446
Cibele Maria Dias – Bibliotecária – CRB-8/9427

Direitos de tradução para o Brasil adquiridos com exclusividade pela EDITORA PENSAMENTO-CULTRIX LTDA., que se reserva a propriedade literária desta tradução.
Rua Dr. Mário Vicente, 368 – 04270-000 – São Paulo – SP
Fone: (11) 2066-9000
http://www.editorapensamento.com.br
E-mail: atendimento@editorapensamento.com.br
Foi feito o depósito legal.

FSC
www.fsc.org
MISTO
Papel | Apoiando uma gestão florestal responsável
FSC® C016973

O Guia Completo de Autocuidado para Bruxas

Mais de 100 Rituais, Feitiços e Práticas Místicas Acessíveis para Ajudá-la a se Reconectar com o Corpo, a Mente e o Espírito

Theodosia Corinth

Tradução
Denise de Carvalho Rocha

Editora
Pensamento
SÃO PAULO

SUMÁRIO

Introdução

A Bruxaria pode significar muitas coisas para uma grande variedade de pessoas. Não há uma maneira única de ser bruxa nem um caminho único a trilhar quando você começa a sua jornada pela magia. Esteja você muito adiantada na prática da Bruxaria ou apenas dando seus primeiros passos, este guia pode ajudá-la e orientá-la em seu caminho.

Sua magia vem da fonte mais poderosa que você pode utilizar – ela vem de dentro de você! A melhor maneira de acessá-la é mantê-la por perto e cultivá-la com delicadeza e cuidado. Mas a vida moderna pode oprimir nossa inspiração e criatividade, expondo-nos às partes mais difíceis da vida humana. Estamos constantemente baixando arquivos e rolando a tela do computador, examinando e reagindo, expostos a milhares de informações e sem muito tempo para processá-las. Você provavelmente já reconhece os sintomas desse desgaste constante:

Existem muitas maneiras de obtermos inspiração e revigorarmos nossos sentidos, restabelecendo contato com nosso corpo e nosso coração. Mas nem sempre é tão simples identificar a causa do nosso desgaste físico ou emocional. Pode-se tratar de um processo cumulativo, que resulte em esgotamento e embote a nossa magia.

O caminho a seguir, porém, pode ser repleto de alegria e está ao alcance das suas mãos. Com um pouco de intenção, você pode recuperar seu brilho, sua inspiração e sua autoconfiança. Quando cuida de si mesma, você se volta para a fonte da sua magia e do seu poder, que também pode, por sua vez, ser inspiração para outras pessoas.

As origens dos cuidados pessoais

A palavra em inglês "*self-care*", em português "cuidados pessoais" ou, mais recentemente, "autocuidado", tornou-se um termo corriqueiro na maioria das culturas. Mas ela não se resume a banhos de espuma e taças de vinho; cuidar de si mesma é uma prática que requer seriedade, mas aumenta a sua resiliência, fortalece o seu espírito e a ajuda a ser uma pessoa mais nutritiva para todos. Este livro está repleto de exercícios, feitiços e conselhos práticos para beneficiar a sua comunidade e a sua prática de magia, e promover o tipo de vida que você gostaria de ter.

O autocuidado tem uma metodologia cujas raízes estão na medicina preventiva, usada para tratar e equilibrar pessoas em estado de vulnerabilidade ou que passam por algum revés. Posteriormente, a prática tornou-se parte do arsenal de estratégias políticas do movimento pelos direitos civis e dos movimentos pelos direitos das mulheres das décadas de 1960 e 1970. Pretendia-se que ela fosse um meio de capacitação para aqueles que eram negligenciados ou mal servidos pelos sistemas de poder ao seu redor. Na longa história da Bruxaria, que remonta ao período pré-moderno, as práticas da Arte das Bruxas (como o herbalismo) representaram um papel semelhante para aqueles que não tinham acesso aos recursos dos mais ricos e privilegiados.

As suas intenções são um instrumento poderoso. Você pode usar este livro para definir novas intenções sobre a maneira como deseja viver e cuidar de si mesma. Muito parecidas com as práticas das bruxas de antigamente, a grande maioria delas apresentadas nestas páginas é acessível a você, não importa o seu nível de desenvolvimento como bruxa ou o tipo de Bruxaria que pratica. Você pode pensar neste livro como uma grande biblioteca. Os rituais e feitiços apresentados derivam de uma ampla variedade de tradições e lançam mão tanto de instrumentos físicos quanto esotéricos.

COMO USAR ESTE LIVRO

Não tenha pressa

Você não precisa ler este livro inteiro de uma vez só. Pode ir fazendo os exercícios em seu próprio ritmo. Não existe um momento perfeito para aplicar as sugestões nem um jeito certo de fazer a leitura, e você pode levar o tempo que for necessário para descobrir o que funciona melhor no seu caso.

Aproveite apenas o que faz sentido para você

Se encontrar neste livro ideias que façam sentido para você, apliquem-as e expanda-as. Se algumas não funcionarem no seu caso ou não lhe trouxerem nenhuma inspiração, fique à vontade para deixá-las de lado e aproveitar apenas as que mais lhe agradam.

Bibliomancia

Pratique sua magia, confiando que o universo a enviará para a página certa. Existem várias maneiras de fazer isso: abra o livro ao acaso e leia uma página aleatória ou jogue um dado uma ou várias vezes, para sortear o número de uma página.

Parta para a ação

Se um exercício chamar a sua atenção, comece por ele. Talvez você já tenha trabalhado com ervas, por isso o herbalismo a deixe mais à vontade. Talvez há muito tempo você tenha o desejo de começar uma prática de meditação e os exercícios de respiração a atraiam por isso.

Lance um feitiço

Os feitiços são mais eficazes quando executados com clareza e intenção. Vá para a parte final deste livro, dê uma olhada nos feitiços sugeridos e comece as suas práticas de cuidados pessoais com um pouco de magia. Convém começar com algo cujos materiais você já tenha em casa e ver aonde isso pode levá-la.

Confie na sua intuição

Aprofunde-se naquilo que lhe parecer mais natural. Vire as páginas e veja o que mais a atrai. Você pode até ler este livro de trás para a frente! A Bruxaria está cheia de caminhos sinuosos. Deixe seu coração ser seu guia.

De Que Materiais Você Precisa?

A Bruxaria é mais bem executada quando você a pratica com os recursos de que já dispõe. Para a maioria dos trabalhos de magia sugeridos neste livro, você não precisará de nenhum outro material além do seu coração e da sua mente. Talvez você queira usar um baralho de tarô ou um mapa astral, mas saiba que ambos podem ser encontrados na internet gratuitamente ou sem que você tenha que gastar muito.

Quando se trata de fazer magia com ervas, este livro não exigirá muito mais do que você pode encontrar na seção de chás e temperos do supermercado do seu bairro. (Afinal, a magia pode ser encontrada em todos os lugares!)

Ocasionalmente, você precisará visitar uma loja de alimentos naturais ou de ervas. Procure uma loja confiável, de preferência física, para garantir ervas com frescor, uma produção sustentável e boa procedência.

Os objetos naturais para o seu altar e seus feitiços podem ser encontrados em um parque do seu bairro e devem refletir, de preferência, os espaços aos quais você tem acesso. Alguns feitiços exigirão linha, velas e objetos de valor sentimental. Veja primeiro se já não os tem em casa, pois os objetos que estão com você há mais tempo funcionam melhor nos feitiços.

Deixe a Bruxaria ajudá-la a celebrar suas alegrias e aliviar suas dores. As práticas de autocuidado servirão não só para beneficiar você, mas também para fortalecer os laços que a unem à sua comunidade, pois a ajudarão a recarregar suas baterias para que possa ajudar a recarregar as baterias de outras pessoas. Sua prática pode ser tão simples quanto respirar fundo e tão radical quanto reestruturar a forma como o mundo vê os cuidados pessoais. Esperamos que este livro a ajude a desenvolver uma prática tão única e autêntica quanto você.

1

CONECTE-SE COM O SEU FÍSICO

Cuide do seu Corpo

Toda bruxa começa com os mesmos instrumentos básicos: seu corpo e sua mente. Uma prática robusta e eficiente de autocuidado abrange ambos, mas você pode achar difícil atender às suas necessidades emocionais se o seu corpo não receber os cuidados de que precisa. Existe tanta magia no seu veículo físico! Ele não serve apenas para carregar seu coração e seu cérebro por aí. Todos nós somos uma unidade holística e nenhuma parte do nosso ser pode ser considerada isoladamente. Seja qual for o seu nível de condicionamento, essas práticas vão ajudá-la a se conectar com seu corpo, fortalecê-lo e cuidar dele, para que possa viver melhor e se realizar com a sua magia.

O Movimento e a sua Magia

Seu corpo é uma fonte poderosa de força e alegria, além de ser um receptáculo para o seu belo espírito. Somos ensinadas a usar o nosso corpo apenas como recipiente do nosso cérebro ocupado. Muitas de nós ficamos sentadas numa escrivaninha durante a maior parte do dia, mantendo a mesma postura rígida, ou trabalhamos em pé o dia todo, ocupadas com nossos afazeres e sem descanso.

Existem muitas maneiras de aliviar o fardo do seu corpo, dependendo do que você precisa. O importante é oferecer ao seu corpo um contraponto aos movimentos que ele faz habitualmente, a fim de restaurar o equilíbrio em sua forma física e em seu coração.

Faça dos seus exercícios diários um ritual

A melhor maneira de você respeitar os limites do seu corpo e lhe oferecer uma oportunidade de se manter saudável é transformar seus exercícios num ritual. O hábito diário é uma espécie de ritual, embora em geral consideremos nossos hábitos sem o misticismo e o *glamour* dos rituais. Para fazer dos seus bons hábitos um ritual, você vai precisar de duas coisas: intenção e compromisso.

- ✶ A INTENÇÃO ajudará a gerar o poder por trás do seu ritual diário. Pense além dos efeitos físicos que você gostaria de provocar no seu coração. Essa vai ser a razão pela qual você repetirá todos os dias essa prática de exercícios.
- ✶ O COMPROMISSO irá fazê-la manter a sua prática quando você estiver prestes a desistir. Os rituais nem sempre são divertidos e às vezes vão exigir de você um certo esforço. Junto com a intenção, que a fará se lembrar da razão por que está realizando o ritual, seu compromisso vai fazê-la voltar ao que se dispôs a fazer, sempre que a sua vontade esmorecer.

Descubra qual a Melhor Prática para o seu Corpo

Pode não ser tão fácil encontrar uma prática corporal que funcione para você. Tente tudo o que estiver ao seu alcance. Não tenha medo de parecer tola, experimente coisas novas e encontre maneiras de se levar menos a sério. Concentre-se no que alivia sua rigidez e faz seu coração vibrar. Procure encontrar espaço e tempo para se mexer todos os dias. Quando você encontrar uma prática que também faça seu corpo vibrar, seja persistente. Procure fazê-la todos os dias, mesmo que apenas por alguns minutos. Seu corpo merece essa atenção e cuidado. Você verá os resultados do seu foco e comprometimento em seu espírito e também no seu corpo.

Explore a conexão com o seu corpo com algumas práticas simples como as sugeridas a seguir:

PRÁTICAS SIMPLES PARA VOCÊ EXPERIMENTAR

Dança

Dançar é uma das maneiras mais puras de você celebrar seu corpo. A música é uma fonte de poder, alegria e libertação. Na sua própria companhia e sem ser observada por ninguém, mova o corpo ao som das suas músicas favoritas. Não se preocupe com sua aparência ou se está dançando no ritmo certo. Você não precisa saber os passos – não é preciso seguir passos coreografados quando se dança com o coração. Curta a sensação de mexer os braços e as pernas, movimentando as articulações, e extravase as emoções através do movimento.

Alongamento

Você não precisa se matricular num estúdio sofisticado de Pilates ou de yoga para obter os benefícios simples do alongamento. Basta fazer uma pausa de 5 minutos nas suas atividades diárias (isso inclui o tempo que passa sentada na frente de uma escrivaninha!) e fazer alguns alongamentos básicos. Toque os dedos dos pés enquanto respira fundo. Mexa a articulação dos ombros lentamente. Aproveite essa pausa para se familiarizar com o seu corpo físico, avaliar melhor suas limitações e se cuidar com mais carinho.

Caminhada

Você tem acesso a um lugar ao ar livre onde possa esticar as pernas? Seja uma praça do seu bairro ou um parque florestal, é importante que saia ao ar livre e inclua uma caminhada no seu dia a dia. Pense nisso não só como um exercício físico, mas também como um exercício de atenção plena (*mindfulness*), que a torna mais consciente do ambiente ao seu redor e permite que interaja com o mundo fora do seu espaço pessoal. Até uma rápida caminhada diária em torno do quarteirão ou a sua caixa postal pode melhorar seu humor.

Massagem

O toque é um sentido poderoso. Nós, seres humanos, queremos ser tocados e tocar outras pessoas. Se você tem condições de receber uma massagem profissional que a faça se sentir relaxada e segura, procure fazer disso uma prática regular. Se não tem, você ainda pode colher os benefícios de uma massagem, massageando seus músculos doloridos com a ajuda de um parceiro da sua confiança ou de aparelhos de massagem. Até uma bola de tênis pode tirar a tensão de pés cansados e costas doloridas. Reserve um tempo para perceber se a prática da massagem é um bom método de relaxamento no seu caso e não tenha receio de tentar diferentes métodos e profissionais.

Ginástica em grupo

Alguns de nós apreciam muito mais as práticas em grupo do que as individuais, pois fazemos amigos e contamos com o estímulo de outras pessoas. Considere a possibilidade de frequentar uma academia de ginástica ou parques que ofereçam aulas de ginástica gratuitas. Você também pode fazer aulas em grupo em casa, usando um aplicativo ou *site* da internet. Se tiver um professor que admira, mas cujas aulas você não pode assistir presencialmente, pergunte se ele dá aulas pela internet ou em vídeo. Também pode ser útil perguntar aos seus amigos como eles costumam praticar atividades físicas - você pode descobrir que só precisava de uma companhia para começar a fazer exercícios regulares!

Conecte-se com o seu Poder

A prática do movimento serve, basicamente, para que você se conectar com seu corpo e cultive um relacionamento com seu poder pessoal. Nós nos preocupamos com as formas e a aparência do nosso corpo, mas muitas vezes não valorizamos tudo o que ele é capaz de fazer agora, do jeito que ele é. Normalmente nos esquecemos do milagre que é o nosso bem-estar e a nossa mobilidade, lembrando-nos deles apenas quando são afetados por alguma doença ou lesão, ou quando uma mudança significativa se abate sobre nós.

Quando passa a se dedicar a uma prática física diária, por gratidão ao seu corpo, você desenvolve resiliência, ativa sua criatividade e estimula a produção das endorfinas que promovem a alegria e estabilizam seu humor. A prática física também pode ajudá-la a tomar consciência de qualquer problema de mobilidade e resiliência, pois você desenvolve uma certa familiaridade com o que parece "normal" e consegue perceber qualquer alteração que isso sofra. Essa consciência auxiliará as partes mais complexas da sua prática mágica e também a ajudará a explicar melhor aos médicos o que está acontecendo com seu corpo, em caso de necessidade.

MEDITAÇÃO E MOVIMENTO

Muitas vezes pensamos na meditação como algo estático, uma quietude perfeita tanto da mente quanto do corpo. Mas muitos de nossos movimentos diários têm potencial para servir como um exercício de movimento consciente. O movimento consciente apoia o nosso movimento físico, em vez de diminuir nossa capacidade de concentração, clareza e pensamento pleno. É triste ver que muitos de nós realizamos nossas atividades de rotina com o celular na mão e a mente fixa numa tela. Ou talvez passemos o dia focados nas preocupações do nosso coração e da nossa alma, cumprindo todas as nossas tarefas no automático.

Para estarmos atentos ao nosso movimento é preciso atenção e intenção. Quando você decidir iniciar uma tarefa com atenção, deixe de lado quaisquer outros pensamentos e atividades, concentrando-se nesse momento e atividade específicos. Use sua atenção para perceber como suas ações são registradas pelos sentidos: como o que você toca, cheira, vê ou ouve fazem você se sentir? O que você não percebia antes?

Abaixo está uma pequena lista de hábitos e atividades diárias para você praticar com toda a sua atenção consciente:

✶ Passear com o cachorro
✶ Tomar banho
✶ Dobrar a roupa
✶ Preparar o jantar
✶ Fazer café ou chá
✶ Se sentar no sofá
✶ Se alongar
✶ Escovar os dentes
✶ Pentear o cabelo
✶ Arrumar a cama
✶ Limpar a casa
✶ Varrer a casa
✶ Aspirar o pó
✶ Tirar o pó dos móveis

Aposto que você nunca pensou que tarefas como escovar os dentes pudessem ser algo mágico. Mas cada uma dessas atividades é uma forma de você cuidar de si mesma e talvez de outras pessoas. Leve intenção à sua atenção plena e deixe que a atenção total a essas tarefas simples inspire-a a saborear os pequenos momentos de magia e os atos de cuidado pessoal da sua vida diária. Essas duas coisas formam as bases do seu bem-estar e merecem a sua atenção tanto quanto a tela do celular, uma música ou um *podcast*.

DICAS SOBRE O MOVIMENTO COM ATENÇÃO PLENA

✶ DEFINA A SUA INTENÇÃO FORMALMENTE. "Eu vou ficar o mais atenta possível aos 2 minutos que passo escovando os dentes.

✶ LEMBRE-SE DE RESPIRAR. É fácil esquecer a respiração, que deve ser uniforme e completa.

✶ FOCO NOS DETALHES. A melhor maneira de permanecer no momento presente é prestar atenção aos seus sentidos.

✶ MANTENHA OS PENSAMENTOS NO PRESENTE. Quando você se pegar pensando no que fará daqui a alguns minutos ou no que fez alguns minutos atrás, não se sinta frustrada. Apenas traga a atenção de volta para sua respiração e seus sentidos.

✶ PROGRAME UM ALARME. Se você sentir dificuldade, comece tirando o pó dos móveis ou lavando a louça com total atenção durante um minuto. Prolongue o tempo quando isso lhe parecer natural e confortável.

Cultive o Hábito do Silêncio

O objetivo maior de toda atenção plena é aumentar o foco e a concentração. Obviamente, essas duas coisas são valiosas por si só, mas muitas vezes as associamos à produtividade, em vez de associá-las à sensação de bem-estar. Todos nós já nos sentimos dispersas, oprimidas ou esgotadas, e o foco e a concentração são instrumentos importantes para manter a nossa intencionalidade, que é uma parte fundamental da magia.

Quando foi a última vez que você cultivou um momento de silêncio, sem nenhum ruído ao fundo, sem estar ocupada com nenhuma atividade ou sem ter que correr contra o tempo? Silêncio e quietude são indispensáveis para o nosso bem-estar e infelizmente são ambos totalmente subestimados. O silêncio – uma espécie de vazio mágico – é o momento em que nosso cérebro e nosso corpo podem descansar e recuperar as energias. É a isso que as pessoas se referem quando falam dos benefícios da meditação. Embora nem todo mundo se adapte a uma prática diária formal de meditação, é uma boa ideia conhecer alguns métodos que nos acalmem em momentos de ansiedade ou estresse.

EXERCÍCIO

Exercício Simples de Respiração

Às vezes, o melhor exercício é o mais simples. Aqui está um método testado e comprovado que você pode usar no metrô, no parque ou em casa, deitada na cama. Você pode definir um cronômetro para 2 a 3 minutos ou deixar sua intuição guiá-la na sua prática.

1

Respire fundo. Segure o ar e conte até dois. Expire o mais profundamente que puder, eliminando todo o ar dos pulmões.

2

Na próxima inspiração, conte até três. Segure a respiração enquanto conta até dois. Expire contando até quatro.

3

Mantenha esse padrão de respiração, prestando atenção enquanto segura a respiração. Seu peito sobe e desce? Ou talvez seja a sua barriga? Não se force a manipular esse padrão; apenas continue prestando atenção à respiração até que o padrão pareça natural.

EXERCÍCIO

Exercício de Visualização da Respiração

Às vezes, nossa mente ativa precisa de um exercício de visualização para nos ajudar a entrar em sintonia com a nossa respiração e nos concentrar nela. Já que seus olhos estarão fechados, é melhor você fazer este exercício num lugar tranquilo e seguro, onde não será perturbada. Você pode definir um cronômetro para 5 a 10 minutos ou deixar que sua intuição a guie, prolongando essa prática pelo tempo que quiser.

1 Sente-se ou deite-se numa posição confortável. Feche os olhos e visualize uma esfera de suave luz branca no topo da cabeça.

2 Mentalizando essa luz, inspire e imagine-a preenchendo sua cabeça, seu pescoço e seus ombros, conforme o ar entra em seus pulmões.

3 Quando expirar, imagine essa luz se contraindo suavemente em direção ao topo da sua cabeça. Não precisa retroceder inteiramente, mas deixe que ela pulse no ritmo da sua respiração.

4 A cada inspiração, deixe que a luz preencha um pouco mais seu corpo. Comece com os braços e o peito, depois expire, em seguida imagine essa luz se expandindo para sua barriga, seus quadris e a parte inferior das costas, à medida que inspira. Na próxima respiração, deixe o ar se expandir até preencher suas pernas e prosseguindo em direção aos dedos dos pés.

DICAS DE MEDITAÇÃO

- ✶ Use fones de ouvido que bloqueiem os ruídos externos, caso tenha dificuldade para se concentrar na sua respiração.
- ✶ Comece ou termine o seu dia com a mesma meditação, para criar um ritual de meditação.
- ✶ Procure uma meditação guiada num dos seus aplicativos ou audiolivros favoritos.
- ✶ Use um aplicativo para medir o tempo ou a frequência da sua prática de meditação, se isso lhe parecer benéfico.
- ✶ Pratique o exercício de respiração sempre que se sentir sobrecarregada, mesmo que seja enquanto verifica seus e-mails.

5 Enquanto continua a respirar, atraia a luz em direção ao centro do seu corpo a cada expiração e deixe que ela o preencha a cada inspiração. Sinta na pele o calor suave do seu brilho espiritual.

6 Quando seu cronômetro tiver zerado ou você estiver pronta para relaxar, respire algumas vezes até reverter o brilho dessa luz em expansão, deixando que ela se contraia em ondas a cada ciclo de respiração, até repousar mais uma vez no topo da sua cabeça. Se quiser, pode agradecer à luz ou à sua respiração, pela companhia.

7 Quando sua respiração voltar ao normal e a visualização tiver terminado, abra os olhos e alongue-se da maneira que lhe parecer mais agradável e benéfica.

A Importância do Sono

O sono é uma forma muito subestimada de autocuidado e de prática mágica. Embora algumas bruxas optem por fazer do sono uma parte da sua prática por meio de rituais como o diário dos sonhos e outros trabalhos com sonhos, é igualmente importante priorizar o sono pela sua função mais básica: permitir que nosso corpo e nossa mente descansem.

Quando dormimos, nosso cérebro tem a chance de processar o que vivenciamos nos últimos dias (e às vezes num passado mais distante). Nossos músculos e articulações começam a se restabelecer e nosso sistema nervoso se recupera do estresse da vida diária. Se negarmos um descanso ao nosso corpo de maneira sistemática, isso acaba com a nossa lucidez, tornando-nos entorpecidos, aéreos e distraídos. Como a atenção e a intenção da bruxa são seus instrumentos mais importantes, o sono é uma prática poderosa de poder e bem-estar.

FEITIÇO

Feitiço para um Sono Reparador

MATERIAIS

- Caneta e papel
- Lavanda, camomila, lúpulo, zimbro, pétalas de rosa, flores de jasmim e/ou erva-cidreira
- Tecido quadrado, de cerca de 12 x 12cm
- Barbante ou fita
- Alternativa: Saquinho fechado com cordão

1 Comece preparando seus pensamentos. Use a caneta e o papel para passar de 2 a 3 minutos anotando como você gostaria que fosse o seu ciclo de sono. Seja específica, anotando por quanto tempo gostaria de dormir e com que profundidade, o que você gostaria de sonhar e como gostaria de se sentir ao acordar.

2 Após a reflexão, selecione as ervas perfumadas e calmantes que tem na sua casa. Passe algum tempo sentindo o aroma dessas ervas e pensando em como gostaria de se sentir ao adormecer.

3 Depois de selecionar as ervas, coloque-as no centro do seu tecido.

4 Quando terminar, pegue a fita ou o barbante e prenda as quatro extremidades do tecido, formando um saquinho. Enquanto amarra a fita, imagine todas as coisas boas que você está atraindo para sua prática de sono sendo amarrado dentro do saquinho. Amarre bem! Uma alternativa é colocar as ervas num saquinho fechado com um cordão.

5 Coloque o sachê que você fez dentro da sua fronha. Quando for para a cama à noite, feche os olhos e imagine os detalhes que descreveu para ter um sono melhor. Inspire o cheiro do sachê dentro do travesseiro (você pode até pegá-lo e segurá-lo, se achar melhor). Concentre-se na sua respiração e use o aroma das ervas para ancorá-la no seu sono intencional.

Ervas para o Sono e o Descanso

CAMOMILA

Uma erva que restaura nervos e músculos, a camomila pode ser consumida em forma de chá ou infusão, um pouco antes de dormir. Também alivia preocupações e combate sonhos perturbadores.

VALERIANA

Embora o sabor não seja dos melhores, esta erva é uma poderosa aliada de quem quer um sono profundo e reparador. Se você toma medicamentos, verifique com seu médico antes de consumir esta erva na forma de tintura ou comprimido.

LAVANDA

Mergulhe as folhas de lavanda em água fervente para fazer um chá ou faça uso tópico de um óleo perfumado de lavanda para ajudar a aliviar as dores de cabeça, o estresse e a ansiedade ou a agitação emocional.

MEL

Embora o mel não seja uma erva, ele é feito com o pólen de todas as plantas que as abelhas levaram para a colmeia. O mel alivia dores e melhora a digestão, além de servir para adoçar o chá.

ERVA-DOCE

Um excelente remédio para dores de garganta, tosses e resfriados, também pode ajudar a digestão e aliviar a náusea. Muitas vezes usado em biscoitos e bolos, é um ótimo aliado do sono quando ingerido à noite, depois do jantar, na forma de chá.

GENGIBRE

Comer gengibre no final da noite pode dificultar o sono, mas, tomado algumas horas antes de ir para a cama, o chá de gengibre pode ajudar na digestão.

A ativação dos sentidos é uma parte esquecida dos nossos cuidados pessoais. Os aromas são um gatilho poderoso das emoções e da memória. Você nunca deve ingerir óleos essenciais ou aplicá-los na pele sem diluir, mas sim acrescentar algumas gotas a difusores, vaporizadores, chuveiros e banheiras, ou mesmo em produtos de limpeza naturais, para que estimulem uma sensação de bem-estar. A variedade de óleos essenciais é grande demais para que se possa expor o assunto em profundidade neste livro, mas aqui estão alguns óleos essenciais e suas propriedades medicinais:

LIMÃO
Reduz a ansiedade, alivia a náusea, dá energia e diminui a congestão nasal e a sinusite.

HORTELÃ-PIMENTA
Aguça o estado de alerta; reduz a fadiga; refresca e ameniza dores de cabeça, o *jet lag*, enxaquecas, doenças causadas por movimento repetitivo, dores musculares e náuseas.

ROSA
Bom para a depressão, ansiedade, tensão nervosa e combate o estresse.

BERGAMOTA
Melhora a indigestão; combate o estresse, a tensão, a insônia, o medo e a crise emocional; promove a recuperação de doenças e o fortalecimento emocional.

LAVANDA
Alivia dores de cabeça, enxaquecas, insônia, estresse, tensão, ansiedade e dores musculares.

Ritual de Beleza

Muito antes de começarmos a ir ao *shopping* ou a navegar em nossos *sites* favoritos de produtos de beleza, as bruxas já usavam ervas para tratar e tonificar a pele. O tratamento de pele com ervas agora faz parte da nossa cultura, mas muitas receitas você pode preparar em casa, como parte de uma rotina de cuidados pessoais. Se você gosta de cuidar da pele com produtos à base de ervas, procure combinar loções hidratantes com ervas para obter ainda mais benefícios. É provável que já conheça muitas das plantas apresentadas aqui, tanto por ter no jardim quanto pelos produtos para a pele vendidos nas lojas.

ERVAS DA BELEZA

CALÊNDULA

Também conhecida como cravos-de-defunto, essas flores de fácil cultivo têm propriedades anti-inflamatórias e podem aliviar doenças de pele que causam coceira. As propriedades antissépticas da calêndula podem ajudar a acelerar a cura e devolvem a umidade à pele seca ou com rachaduras.

BABOSA

Esta planta ultra-hidratante é mais associada ao tratamento de queimaduras solares e outras doenças de pele, mas ela é também um poderoso remédio para amenizar cicatrizes e combater a acne. Suas folhas gelatinosas contêm uma dose concentrada de vitaminas C e E, e sua textura permite que elas sejam aplicadas diretamente na pele ou processadas, para potencializar suas suaves qualidades benéficas.

HAMAMELIS

Esta planta tem uma longa associação com práticas alternativas – basta olhar para o nome dela em inglês: "*witch hazel*", avelã das bruxas! Ela é muito usada em tônicos e cremes para pele com acne, pois possui alta concentração de taninos e polifenóis, uma combinação que ajuda a reverter danos celulares e combate inflamações, erupções e inchaços.

ROSA

Esta flor não serve apenas para fazermos buquês! Existe uma razão para ela ser um clássico antigo nos cuidados com a pele. A rosa apresenta muitos benefícios que buscamos nos hidratantes atualmente. Como um óleo, é particularmente útil para hidratar a pele seca. O óleo de rosas também tem propriedades antissépticas e adstringentes, e suas propriedades anti-inflamatórias combatem a vermelhidão e a inflamação da pele acneica.

ALECRIM

Esta erva muito perfumada tem propriedades que a tornam um excelente antisséptico natural para a pele. Suas propriedades anti-inflamatórias podem ajudar a reduzir a vermelhidão causada pela acne e o alecrim também é útil na prevenção de rugas, graças aos seus poderosos antioxidantes.

ÓLEO DE ROSA MOSQUETA

Este óleo extremamente hidratante contém uma superdosagem de todas as propriedades benéficas da rosa. Rico em vitamina E, é particularmente bom para amenizar manchas e cicatrizes, e também para uniformizar o tom da pele e deixá-la mais iluminada. Também bastam algumas gotas para prevenir rugas e amenizar cicatrizes de acnes.

ÓLEO DE AMÊNDOA DOCE

Este é uma excelente óleo-base ou "carreador", para misturas de ervas e óleos. Leve e hidratante, ele é útil para amaciar a pele, reduzir inflamações e amenizar estrias.

ÓLEO DE FIGO-DA-ÍNDIA

Com um teor excepcionalmente alto de vitamina E, este óleo tem propriedades calmantes e beneficia a pele seca do rosto e das mãos. É também rico em vitamina A, o que auxilia na recuperação da pele e acalma a irritação. Também pode ser um óleo carreador muito útil para ser usado em receitas para a pele.

ÓLEO DE ARNICA

Bom para o cabelo e a pele quando aplicado topicamente, este óleo é conhecido por acalmar a irritação, auxiliando na recuperação da pele danificada ou lesionada e estimular a circulação sanguínea no corpo e no couro cabeludo. Mais eficiente em pequenas doses, ele funciona bem quando usado numa combinação de óleos ou diluído num óleo carreador.

FEITIÇO

Ritual com Vapor

MATERIAIS

- Sabonete para o rosto
- Água fervente
- Tigela refratária
- Suas ervas favoritas (rosa, calêndula, camomila, hortelã-pimenta, erva--doce, gengibre ou limão)
- Duas toalhas grandes, limpas e secas
- Hidratante ou máscara facial

Opcional:

- Algumas gotas do seu óleo essencial favorito
- Flores

Um ritual caseiro simples para clarear e embelezar a pele é a vaporização facial. A vaporização é a prática de colocar uma tigela com água fumegante numa superfície nivelada e manter o rosto próximo a ela (mas nunca dentro da tigela), de modo que o vapor e as emanações das ervas adicionadas à água abram os poros e nutram a pele. Use a lista de ervas apresentada anteriormente como guia, ao preparar sua vaporização, ou inclua outras ervas medicinais mais condizentes com as suas necessidades. Você pode aprender mais sobre como usar as ervas em casa na página 114.

1 Limpe o rosto com o seu sabonete facial favorito, certificando-se de remover toda a maquiagem, oleosidade e impurezas acumuladas ao longo do dia.

2 Despeje água fervente na tigela e adicione algumas gotas de óleo essencial, se quiser, junto com suas ervas e as flores opcionais.

3 Coloque a tigela numa superfície nivelada, até onde você possa arrastar uma cadeira e incline-se sobre a superfície. Uma mesa baixa é o ideal, mas o balcão da cozinha ou a mesa da sala de jantar também servem!

4 Mantenha o rosto a cerca de 30 cm da superfície da tigela. Pegue uma toalha e coloque-a sobre a cabeça, formando uma espécie de tenda, para manter o vapor concentrado ali dentro. Concentre-se na sua respiração.

5 Mantenha-se nessa posição por 10 a 15 minutos, ou até acabar o vapor da tigela. Se quiser, você pode colocar para tocar a sua *playlist*, *podcast* ou audiolivro favorito, caso se sinta um pouco impaciente. Você também pode usar esse tempo para meditar.

6 Quando o vapor terminar, remova a toalha e seque o rosto com a outra toalha limpa. Aplique um hidratante ou sua máscara facial favorita, para manter a umidade da pele.

Banhos Purificadores

O banho de banheira ou uma ducha quente pode limpar a sujeira do dia em mais de um sentido. Em muitas culturas e tradições espirituais, o banho purificador não é apenas para eliminar o suor e a sujeira da pele, mas também é uma purificação espiritual. Pense nesse banho como uma limpeza espiritual, energética (ou áurica). Essa é uma ótima maneira de combinar a prática de atenção plena (consulte a página 40) com a prática de herbalismo (página 112) num feitiço que é todo seu.

O banho purificador tem vários elementos. Para obter todos os benefícios desse banho, convém ensaboar e enxaguar todo o corpo no chuveiro antes de iniciar o banho purificador, se você planeja tomar um banho de banheira. Caso contrário, você pode tomar uma longa ducha com intenções semelhantes, em vez do banho de banheira. Se quiser, você também pode fazer uma faxina no banheiro antes de começar seu banho purificador.

Luz de velas

Uma das coisas que diferencia o banho padrão de um banho ritual é o cultivo intencional de pensamentos e objetivos. Acenda uma vela perfumada que esteja em sintonia com a atmosfera que você deseja criar no ambiente e pronuncie em voz alta ou repita mentalmente a sua intenção para a prática.

MATERIAIS CASEIROS PARA O SEU BANHO RITUAL

- ✶ Sal
- ✶ Rodelas de limão
- ✶ Saquinhos de chá de hortelã-pimenta
- ✶ Banho de espuma
- ✶ Velas perfumadas
- ✶ Seu sabonete ou gel de banho favorito
- ✶ Azeite
- ✶ Bucha vegetal
- ✶ Pedra-pomes
- ✶ Máscara facial
- ✶ Hidratante

Ervas medicinais

Outra coisa que diferencia um banho ritual de uma simples imersão na banheira é a adição de ervas e outros ingredientes benéficos. Algumas bruxas gostam de adicionar sal à limpeza para renovar as energias e óleos essenciais (apenas algumas gotas) à banheira ou ao box, para ajudar a envolver os sentidos. Algumas até incluem ervas como hortelã-pimenta, rosas ou lavanda na água de banho. Se você não puder aderir a essas práticas por questões de espaço, saiba que óleos ou outros produtos perfumados podem ser bons substitutos para as ervas. Se não quiser usar ervas, os seus produtos de beleza favoritos também podem ser muito benéficos quando usados intencionalmente.

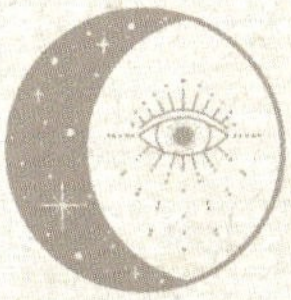

Intenção consciente

A parte mais importante do banho ritual é o que você traz consigo mesma: sua magia. Enquanto você se ensaboa ou esfrega o corpo, imagine que está limpando a energia estagnada do corpo, eliminando a energia de outras pessoas e saindo totalmente purificada do ritual. Concentre-se em como você sente o seu corpo, a resiliência dos seus membros e os limites da sua pele. Você pode repetir sua intenção diante de uma vela também, se quiser.

Quando abrir o ralo da banheira ou fechar o chuveiro, imagine todas as impurezas materiais e energéticas das quais você se livrou sendo levadas pela água. O que vai restar é só você, sua energia pessoal e suas próprias intenções, preparadas para os trabalhos de magia ou apenas para um bom descanso.

A Prática das Afirmações

Afirmações são feitiços que pertencem a uma categoria à parte, embora geralmente sejam associadas à autoajuda. Falar algo em voz alta é tornar isso real e impregnado de poder. Embora as afirmações possam ser um instrumento poderoso para aprimorar suas intenções e fortalecer sua confiança, nem todo mundo se sente à vontade para expressar seus desejos e necessidades em voz alta. Saber o que lhe agrada ou não é uma parte importante dos cuidados pessoais e ajuda você a estabelecer os limites das suas intenções. As afirmações podem ser repetidas mentalmente, em voz alta num cômodo vazio, compartilhadas com um grupo ou, se você estiver se sentindo muito corajosa, pronunciadas em voz alta diante de um espelho, como se você estivesse em público.

Se o trabalho com essas afirmações lhe parecer uma técnica poderosa e muito benéfica, crie suas próprias afirmações. Elas podem expressar como você se sente sobre seu corpo ou sobre suas capacidades, afirmar o que você quer fazer com seu poder e com seu tempo ou estimulá-las a seguir na direção das mudanças que deseja ver em si mesma – apenas certifique-se de que sejam feitas com amor, alegria e respeito por si mesma.

Eu não preciso ser perfeita para ser digna de amor e carinho. Eu sou digna assim como sou.

Sou eu que decido o modo como
me sinto com relação a mim mesma.

Sou capaz de realizar até meus
sonhos mais audaciosos.

Eu posso encarar o mundo
com empatia, graça e amor.

Tenho poder para
enfrentar o que me desafia.

2

CONECTE-SE COM O SEU ESPÍRITO

CUIDE DAS SUAS EMOÇÕES

Em nossa cultura, somos treinadas para ir além dos nossos limites e sempre priorizar a produtividade. Os limites são uma parte importante da magia e um dos instrumentos mais importantes do seu *kit* de cuidados pessoais. Práticas de autocura emocional não podem ajudar a curar um osso fraturado ou substituir um exame físico anual, mas podem curar um coração partido, ajudar a reerguer um espírito abatido e ajudar a criar um ambiente mais acolhedor para que você possa se recuperar mais rápido. Existem várias maneiras de acelerar o processo de cura emocional. Atender às necessidades do seu corpo é um começo; atender às necessidades do seu coração é o passo seguinte.

Atenção Plena

Cultivar a resiliência emocional é a base da prática de Bruxaria. É impossível ser uma pessoa intencional, atenciosa e ativa na nossa vida se estamos esgotadas, estressadas e com o coração em frangalhos. O início do processo é cultivar a compaixão por si mesma quando você sentir que está estressada. O estresse faz parte da condição humana e acontece com todo mundo. Seja generosa consigo mesma e criativa em suas soluções.

A atenção plena está presente em muitas tradições com nomes diferentes, mas seus dois conceitos mais simples são o momento presente e a sua própria respiração. Com base nos exercícios de respiração das páginas 20-3, você pode usar, sempre que quiser, um feitiço como instrumento para cultivar o momento presente de maneira centrada e intencional.

Feitiço para se Centrar no Presente

MATERIAIS

- Uma almofada ou um lugar confortável onde se sentar
- Um sino, um sino dos ventos, uma tigela cantante tibetana ou outro tipo de objeto semelhante a um sino
- *Opcional:* uma vela perfumada ou uma vareta de incenso

1 Sente-se confortavelmente num cômodo silencioso, com distrações mínimas. (Se você perceber que não pode evitar algumas distrações, considere que elas fazem parte do momento!) Se preferir, acenda uma vela perfumada ou seu incenso favorito. Sente-se com seu sino nas mãos.

2 Quando estiver pronta, respire fundo várias vezes. Concentre-se no ambiente do cômodo. Deixe os aromas, os sons e as sensações do ambiente preencherem seus sentidos. Aquiete o seu corpo.

3 Toque o sino uma vez e ouça o toque desse instrumento. Feche os olhos e concentre-se no som.

4 Imagine as ondas de som fluindo do sino para o seu espaço, empurrando qualquer energia estagnada para fora e para cima, afastando-se do seu espaço. Respire fundo enquanto faz isso.

5 À medida que o som se dissipa, concentre-se na sua respiração. Deixe-a se expandir e absorver novamente os sons, aromas e sensações do cômodo.

6 Abra os olhos e adquira uma consciência renovada do espaço, da sua respiração e do momento presente.

A Roda do Ano

O ano tem seus próprios ciclos, que não fazem parte do nosso calendário gregoriano, de janeiro a dezembro. Embora existam muitos calendários culturais, a maioria das bruxas observa uma forma do que é muitas vezes chamada de "A Roda do Ano", um ciclo de festivais vinculados aos solstícios, equinócios e seus pontos médios. Esses festivais celebram o ciclo de vida, morte e renascimento. Você pode até mesmo conhecer essas datas pelo nome de "sabás", que muitas vezes são ocasiões para montar altares e definir intenções. Enquanto os festivais tenham rituais de celebração, nomes e datas diferentes, todos eles seguem um padrão regular, em sincronia com as datas destacadas a seguir.

OSTARA: 19 a 22 de março

Celebrado no equinócio da primavera, esse é o festival em que o dia e a noite têm a mesma duração. Celebrado muitas vezes perto da Páscoa, esse festival tem uma associação com o nascimento e o renascimento, mas vai além disso e celebra também a fertilidade e a alegria com a chegada de dias mais quentes no hemisfério Norte.*

IMBOLC: 1º de fevereiro

Celebrado entre o solstício de inverno e o equinócio de primavera, por tradição esse festival marca o primeiro despertar da primavera. Ele é comemorado com faxinas, rituais de purificação, e a celebração de dias mais longos e iluminados. Use esse tempo para definir suas intenções e volte a dedicar seus altares e observações.

* A Roda do Ano é aqui descrita segundo as estações do hemisfério Norte. (N. da T.)

CALENDÁRIO DAS BRUXAS

BELTANE: 1º de maio
Também conhecido como Primeiro de Maio ou a Noite de Santa Valburga, este festival celebra o início do verão e a abundância da colheita florescente. É por tradição associado com a juventude, a vegetação e as flores, e marcado pelo Mastros de Maio, pelas danças e decorações florais.

LITHA: 19 a 23 de junho
Celebrado no solstício de verão, este festival marca o dia mais longo do ano. É comemorado como o apogeu final da beleza, da abundância e do calor. Ele também honra o Sol e marca o declínio do ano, cujos dias ficam cada vez mais curtos.

LUGHNASADH: 1º de agosto
Às vezes conhecido como Lammas, este festival marca o início da época da colheita. Comemora-se esse feriado assando-se e saboreando pães. Trata-se de uma celebração da gratidão e da abundância, e é uma maneira de comemorar a mudança de foco, que agora é a preparação para os próximos meses de inverno.

YULE: 20 a 23 de dezembro
Neste festival do solstício, as bruxas celebram com festa e presentes, e também decoram os ambientes com sempre-vivas, como azevinho, hera, visco, teixo e pinheiro. Muito parecido com o Natal, em Yule os celebrantes costumam levar essa vegetação para dentro da casa, em guirlandas, grinaldas e árvores. Acender velas e juntar-se a outras pessoas em comunhão também fazem parte da celebração.

SAMHAIN: 1º de novembro
Muitas vezes considerado uma data correspondente ao Halloween, ao Dia de Todos os Santos ou ao Dia de los Muertos, Samhain é o momento de lembrar com alegria dos entes queridos que já partiram, dos ancestrais e dos anciãos. Esse festival é focado nas velas, nos altares e num convite à escuridão. É um contraponto à celebração da luz e da fertilidade ocorrida em Beltane.

MABON: 21 a 24 de setembro
O equinócio de outono corresponde ao auge do outono, a estação da colheita, e é a demonstração de gratidão pela terra e pela sua colheita generosa. Esse festival é particularmente focado em nossa ligação com a Terra e nossa relação com as estações.

O Contato com a Natureza

Uma grande parte dos rituais e das práticas de cuidados pessoais das bruxas envolve a conexão com a natureza. Ter contato com a natureza pode ser um desafio para a bruxa moderna, pois nem todas nós temos acesso às florestas e bosques. Algumas vivem em cidades ou grandes centros urbanos, dominados pelo concreto e sem áreas verdes. Mas você pode encontrar a natureza em qualquer lugar para onde olhar, mesmo no quarteirão mais cinzento da cidade. A vegetação rompe através de qualquer rachadura na calçada. As pedras se soltam do solo, mesmo nos parques. Aves de rapina voam entre os arranha-céus, e pássaros canoros ainda cantam nas árvores da calçada.

Onde quer que esteja, você pode se conectar com a natureza, que está bem na sua porta. O céu e o ar também são natureza e você certamente tem acesso a eles. O que você precisa é treinar os olhos para ver a natureza ao seu redor. Pense nisso como sua prática particular de atenção plena. Quando precisar ir a pé a algum lugar ou decidir dar uma esticada nas pernas, deixe os fones de ouvido em casa. Ouça atentamente os pássaros enquanto caminha. Procure-os no céu. Olhe para as plantas, mesmo as pequenas, pois os pássaros fazem seus ninhos em lugares improváveis. Passe os dedos pela casca de árvores.

DICAS PARA MONTAR UM ALTAR NATURAL

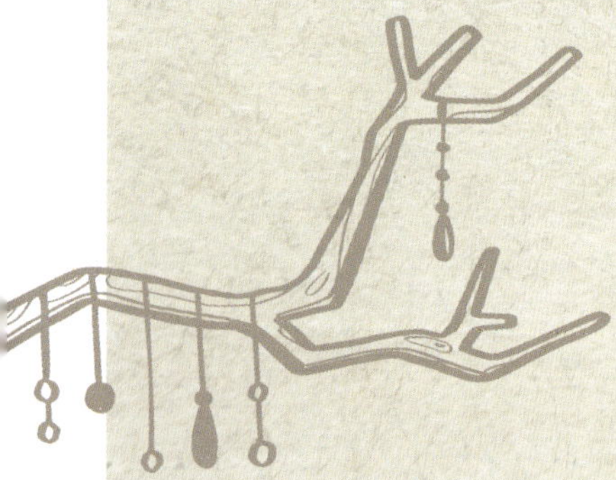

Acrescente flores

As flores podem ser da floricultura do seu bairro, das margens da estrada por onde você passa ou mesmo do supermercado! Se puder colher as flores você mesma, essa é a opção perfeita. Basta pedir permissão às flores, se necessário.

Galhos adoráveis

Os galhos não costumam ser vistos como objetos adoráveis, mas essas dádivas das árvores podem ser tão adoráveis, complexas e intrincadas quanto cristais. Observe os troncos caídos que lhe pareçam bonitos e os galhos de formato interessante.

O contato com a natureza (a exposição às paisagens, aromas e sons do mundo natural) é fundamental para a nossa saúde. Nem a Ciência começou a estudar ainda esse relacionamento complexo e importante. As bruxas se relacionam com a Terra e suas criaturas desde os primórdios. Use essas práticas para elevar seu astral, combater a ansiedade e ajudá-la a se conectar com o mundo ao seu redor.

Colecione pedras

Todas as pedras fazem parte do mundo natural e são igualmente bem-vindas no seu altar, mas as melhores são aquelas que atraem os seus olhos. Mantenha os olhos bem abertos e procure por todos os caminhos por onde passa.

Inclua imagens

Se você tem imagens de entes queridos, mentores, antepassados admirados ou pessoas que causaram impacto na sua vida ou no mundo, todas elas podem ocupar um lugar significativo no seu altar, bem como imagens de vida selvagem que sejam importantes para você.

Saia à procura de penas

Quando são encontradas no chão, as penas são um lindo presente da natureza. É uma boa ideia borrifá-las com álcool antes de colocá-las no altar e lavar as mãos depois de pegá-las.

O Trabalho com os Ciclos da Lua

A maneira mais fácil de trabalhar com os ciclos naturais, não importa o lugar onde você esteja, é se conectar com a Lua, que brilha sobre cada um de nós todos os dias (mesmo quando o céu está escuro). A Lua é um lindo ponto focal para os rituais, além de ser um lembrete para descansarmos, celebrarmos, refletirmos ou agirmos. Quando você está se sentindo desconectada de si mesma, do seu corpo ou do seu espírito, vale a pena olhar para o céu noturno e ver em que fase a Lua está do seu ciclo. Leva um minuto para você refletir sobre como ela pode guiá-la e como você pode trabalhar com a luz desse astro para oferecer conforto e orientação.

Existem muitas maneiras de se trabalhar com a Lua. Você pode usá-la para orientar sua prática de meditação, basear-se no seu ciclo para fazer registros num diário e refletir sobre ele, estudar as correspondências lunares com as ervas e outros tratamentos alternativos, ou mesmo praticar a magia da manifestação.

OS ESTÁGIOS DO CICLO DA LUA* E SUAS INFLUÊNCIAS

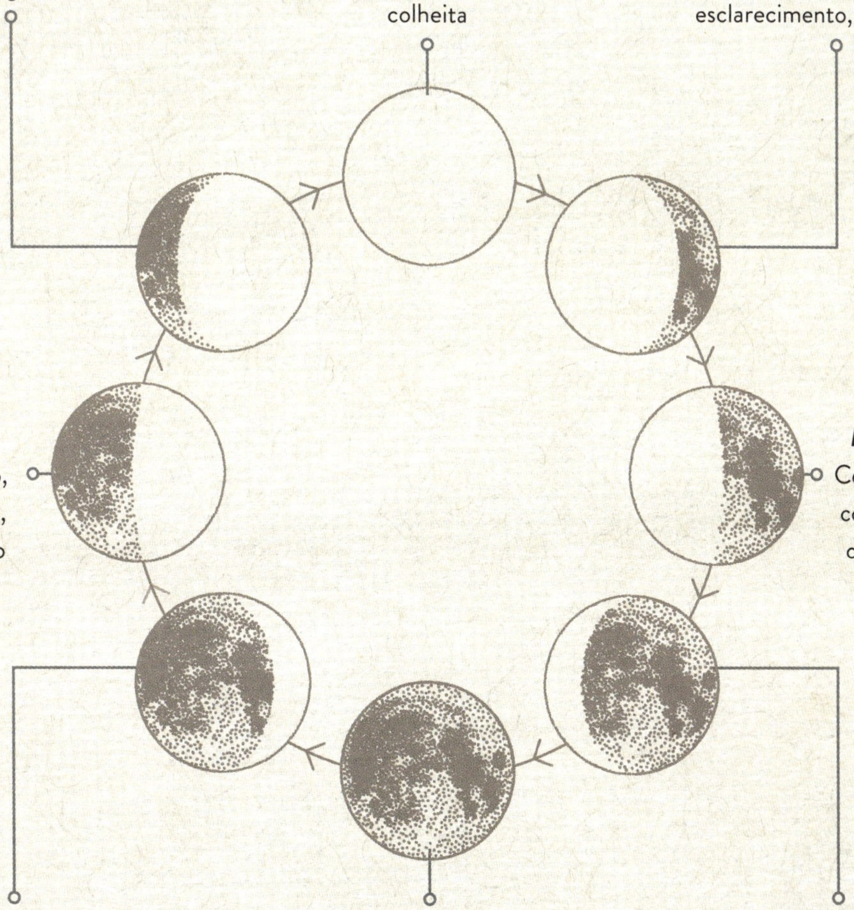

* As ilustrações das fases da Lua deste livro correspondem ao aspecto da Lua do ponto de vista de um observador do hemisfério Norte, onde o sol ilumina a Lua a partir do lado contrário ao que ilumina no hemisfério Sul. (N. da T.)

Definição de Metas e Manifestação

A magia mais poderosa por trás da manifestação é a especificidade do praticante. Você conhece a expressão "Cuidado com o que você deseja?". A manifestação é basicamente uma espécie de realização de desejos autodirigida e estimulada por uma ação ponderada, uma intenção vigorosa e a capacidade de imaginar o que você quer em pequenos detalhes. A razão pela qual a especificidade é tão importante é o fato de que é muito fácil conseguir algo que se parece com o que você quer, mas que na verdade só vai deixá-la profundamente infeliz. Imagine conseguir o emprego dos seus sonhos e descobrir que, na realidade, ele é um pesadelo no qual você passa longas horas num escritório e não tem nenhum tempo para si mesma; ou encontrar um centavo na calçada porque sua manifestação mencionava apenas a palavra "dinheiro", sem especificar a quantia.

A chave é ser o mais clara possível sobre o que quer, para que você e o universo saibam em que prestar a atenção quando surgir a oportunidade. É como estabelecer limites para o universo – você não quer apenas um trabalho, você quer um trabalho que seja gratificante, alegre e que lhe dê tempo para si mesma. Você não quer apenas dinheiro, quer ser capaz de pagar o seu cartão de crédito sem sacrificar sua saúde e não quer ganhar dinheiro de um modo triste ou dificultoso.

Quando se trata de manifestação, o feitiço mais simples é acender uma vela, definir suas intenções e escrever, numa folha de papel em branco, todos os detalhes sobre o que você espera manifestar na sua vida. Não tenha medo de se estender demais e ser extremamente minuciosa.

Diretrizes para ajudá-la na sua manifestação

- **Descreva as ações que você está disposta a empreender para atingir seus objetivos,** mencionando as pessoas e situações que podem estar envolvidas.
- **Esquematize o que você está procurando,** mencionando recursos mensuráveis, prazos e valores.
- **Mantenha a manifestação relevante para um objetivo único e específico.** Quanto mais você se concentrar, mais poderosas serão suas intenções.

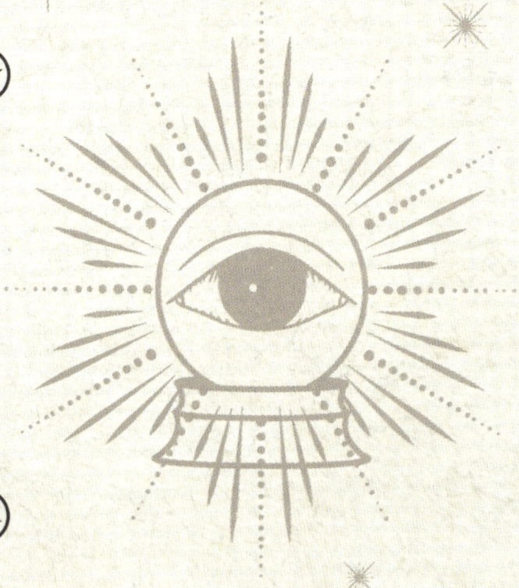

* **Concentre-se em como você vai agir para atingir suas intenções.** Você não pode vender seu livro *best-seller* sem escrevê-lo primeiro.
* **Pense sobre o que você pode alcançar** – pense grande, enlouqueça, abrace seus sonhos, mas saiba que nenhuma manifestação pode influenciar as ações de outras pessoas ou trazer pessoas específicas para a sua vida.

Siga a sua Intuição

Existe uma voz dentro de você que vem do seu coração e do seu subconsciente – uma mistura de magia e psicologia que chamamos de intuição. Muitas vezes reprimirmos e silenciamos a voz da nossa intuição, porque não queremos perturbar o nosso dia a dia, saindo da rotina ou mudando nossos hábitos. É desse modo que acabamos caindo em padrões e rotinas contraproducentes, que fazem essa importante voz se calar. Por que a intuição é tão fundamental? Porque é por meio dela que nosso espírito fala conosco e nos orienta através da jornada da vida, nos conduzindo suavemente por caminhos que nos levam ao crescimento e à alegria.

Com que frequência você ouve os sussurros do seu coração? Eles ficam mais audíveis quando você abre espaço para a reflexão, o silêncio interior e a quietude. Quando esses sussurros nos guiam para longe das coisas que desejamos, isso pode nos causar tensão ou sentimentos conflitantes.

A diferença entre a intuição e o medo

Seu corpo fala de muitas maneiras. O medo, a ansiedade e a intuição costumam se expressar causando sensações semelhantes, o que torna mais difícil diferenciar nossas reações emocionais das nossas percepções mais profundas. Então, como saber a diferença entre reação e intenção?

- Sua intuição é fruto de um estado calmo e consciente, no qual você é capaz de avaliar emocionalmente suas reações de maneira relativamente objetiva.
- A ansiedade e o medo, por outro lado, ativam seu sistema nervoso, desencadeando sua resposta de "luta ou fuga". Você se sente desequilibrada, com tendência a reagir emocionalmente e sem a sua capacidade plena de avaliar suas reações e respostas.
- Se você estiver procurando ouvir a sua intuição, saiba que a melhor maneira de entrar em contato com ela é se aquietando para que ela possa falar com você. Você está procurando pistas sobre o que fazer, mas precisa perceber quando está agitada demais para obter respostas claras.
- Se você precisa de um momento para refletir, práticas para aquietar os pensamentos e perceber melhor as sensações do seu corpo, como exercícios de respiração, a dança ou outros movimentos, ou simplesmente exercícios de alongamento, podem ajudá-la a "reiniciar" seu sistema nervoso e desarmar sua resposta de "luta ou fuga".

1 ACENDA UMA VELA

Este ritual funciona melhor se a vela puder ativar os seus sentidos. Procure uma vela perfumada que a faça se sentir bem, uma cor que a faça se sentir tranquila e uma superfície que seja estável e segura.

2 FITE A CHAMA

Ao acender a vela, concentre-se na sua respiração e na sua intenção de entrar em sintonia com o seu eu interior. Concentre o olhar na chama e deixe-a preencher sua visão, ancorando sua atenção no momento presente.

3 RESPIRE FUNDO

Enquanto concentra o olhar na chama, comece a respirar num ritmo mais lento. Deixe o ar preencher seus pulmões e seu peito, inspirando e expirando totalmente. Aos poucos, vá desfocando o olhar e deixando o corpo relaxar.

4 SINTA O CALOR

Ao inspirar e expirar, sinta o calor da chama se expandindo, até aquecer seu corpo como o fogo. A chama deve ter um brilho reconfortante e quente como um abraço.

5 OUÇA

Depois de chegar a um estado confortável, quente e relaxado, deixe a mente aberta para tudo que vier à tona. Convide sua intuição a falar com você e a ouça com um coração generoso.

6 AGRADEÇA

Em voz alta ou mentalmente, agradeça à sua intuição por se comunicar com você. Quando estiver pronta para encerrar a sessão, imagine-se enviando o calor suavemente de volta para a vela e volte a focar o olhar. Depois de voltar a enxergar a vela com mais nitidez, apague a chama.

7 ANOTE AS SUAS REFLEXÕES

Se você achou este exercício útil, passe algum tempo anotando os seus pensamentos e sentimentos depois de concluir o ritual. Isso vai ajudá-la a refletir sobre o que foi útil, o que foi desafiador e o que você pode voltar a praticar em sessões futuras.

A Prática da Meditação Diária

Uma das melhores maneiras de se reconectar com a sua intuição, aprofundá-la e acalmar sua ansiedade é realizar regularmente esse tipo de ritual (assim como o ritual da vela, na página 57). A prática da meditação diária pode ajudá-la a conhecer melhor o poder da sua intuição, desenvolver sua prática mágica e acalmar a sua mente. Existem muitos métodos de meditação, mas em geral eles impõem algumas condições:

* Um lugar limpo, tranquilo e relaxante para você meditar.
* Um cronômetro ou algo semelhante a um marcador de tempo ou as suas próprias mãos.
* Um sino ou uma vela para marcar o início e o fim da meditação.
* Um diário ou *planner* com controle dos seus hábitos, para registrar seus progressos.

Convém estabelecer uma rotina regular de meditação. Marque um horário consigo mesma! Até as bruxas podem usar a agenda e o alarme do celular. Quer seja a primeira atividade do seu dia, uma pausa na hora do almoço ou à noite, para relaxar, a meditação ajudará tanto o seu espírito quanto o seu corpo a estabelecer uma rotina bem definida. Ela também ajudará você a praticar todos os dias, assim como faria se tivesse aulas de ginástica diariamente. Ambas atividades são cuidados pessoais indispensáveis no seu dia a dia.

Dicas para o cultivo de hábitos saudáveis

Além da sua prática de meditação, ter hábitos saudáveis é tão essencial para a sua saúde física e emocional quanto o que você faz quando se senta para meditar. Seja você uma bruxa iniciante ou um praticante experiente da arte da magia, aqui está um *checklist* para você usar como apoio quando estiver com dificuldade para manter uma prática de meditação.

- Você está dormindo o suficiente? Oito horas é o ideal.
- Você está passando muito tempo no computador, no celular ou em outros dispositivos eletrônicos?
- Você costuma beber água antes de ir para a cama, depois de acordar e antes de meditar?
- Você tem feito refeições regulares, inclusive antes de meditar?
- Você passou um tempo na companhia de amigos e entes queridos recentemente?
- Você reservou algum tempo para passatempos sem uma meta definida, como uma atividade criativa?
- Você conseguiu passar algum tempo ao ar livre, junto à natureza?
- Você tem um horário para si mesma antes e depois do seu expediente de trabalho?

O Uso da Criatividade como Instrumento Intuitivo

A criatividade é um instrumento poderoso para ajudar você a lidar com traumas e a se recuperar depois de um período de exaustão, além de estimular seu crescimento. Também pode ser um canal para acessar sua intuição. Quando ativa sua criatividade e imaginação, você acalma seu sistema nervoso e distrai sua mente do que pode estar estressando-a. Todas as pessoas, até mesmo as bruxas, precisam de uma válvula de escape criativa. Essa é uma maneira maravilhosa de você explorar seu subconsciente (e ninguém nunca terá que ver sua criação, caso você esteja preocupada com isso). Assim como qualquer ritual, os melhores efeitos do trabalho só são vistos com a prática regular. Transforme sua criatividade num feitiço de cura. Defina intenções, acenda velas e defina o clima. Encontre uma prática que tenha a ver com você e não tenha medo de tentar muitas atividades criativas diferentes: pintura, desenho, escrita, artesanato, canto, dança, colagens, costura, tricô, crochê. Existem muitas atividades artísticas que envolvem sua atenção, sua imaginação e seu corpo, tudo ao mesmo tempo.

15 MANEIRAS DE MESCLAR CRIATIVIDADE E MAGIA

* Desenhe sem pegar numa caneta.
* Dance livremente.
* Escreva um texto à mão.
* Cante no chuveiro.
* Pinte as unhas.
* Comece um diário.
* Desenhe com os olhos vendados.
* Escreva uma carta para si mesma.
* Recorte fotos e imagens de revistas e faça uma colagem.
* Faça um painel com afirmações e imagens de tudo que você deseja conquistar.
* Faça uma lista dos seus maiores sonhos.
* Crie um ritual enquanto trabalha.
* Comece uma prática criativa por pura diversão.
* Tome um banho ritual.
* Tire uma carta de tarô.

ADORE

Crescimento e Mudança

Mesmo quando cuida bem do seu corpo e do seu espírito, você pode passar por dificuldades. Isso simplesmente faz parte da vida, e as bruxas sabem que a vida de todos nós inclui ciclos de mudança, morte e renascimento. Durante os percalços da vida, uma parte do cuidado que você deve ter consigo mesma é se permitir sentir. Abra espaço para os seus sentimentos e processe-os. Eles podem dar a impressão de que vão engolir você, mas a magia também tem espaço para esses sentimentos.

A transformação nem sempre é fácil ou bem-vinda. Os imprevistos podem desencadear mudanças lindas e muito necessárias na sua vida, mesmo que não sejam as mudanças que você esperava. Dar espaço para processar momentos e sentimentos difíceis é uma atitude que também pode trazer alegrias inesperadas. Ver o lado positivo e negativo de todas as situações é uma parte integrante do ciclo.

Feitiço para Processar Sentimentos Difíceis

MATERIAIS

- Uma vela preta para proteção
- Sal
- Uma tigela com água
- Papel e caneta
- Um prato refratário

1 Sente-se diante da vela, que deve estar numa mesa ou outra superfície plana.

2 Feche os olhos, respire fundo várias vezes e defina mentalmente a sua intenção.

3 Adicione uma pitada de sal na tigela com água (ou um punhado se você tiver muito que processar). Agite a água com o dedo indicador da mão que escreve.

4 Pegue o papel e a caneta, e escreva o que está sentindo. Seja específica sobre como seus sentimentos afetam seu corpo, o impacto que eles exercem sobre a sua mente e toda a gama de emoções (incluindo as conflitantes) que está sentindo.

5 Quando terminar de colocar seus sentimentos no papel, enrole ou dobre o papel e queime-o na chama da vela. Quando não for mais possível segurar o papel com segurança, coloque o que sobrar dele no prato e deixe-o queimar até virar cinzas.

6 Quando o papel terminar de queimar, mergulhe os dedos na tigela de água salgada e depois toque a testa. Deixe a testa molhada com a água salgada.

Dê Espaço para a Dor

Entre as muitas emoções difíceis que sentimos ao longo da vida, a tristeza é uma das piores. Ela é resultado de uma perda, uma mudança traumática e outras incontáveis causas. Uma das coisas mais importantes a se lembrar sobre a tristeza é que ela é uma emoção complicada, que pode ter muitas fases. Tem períodos em que fica mais ou menos intensa, e a melhor maneira de processá-la é aceitar que ela existe e agir de acordo com isso.

A tristeza é uma forma estranha de companhia, um tipo de sentimento que parece uma sombra que nos acompanha e oprime o nosso coração. As bruxas sabem que essas coisas vêm em ciclos e, embora seja difícil, aceitar nossa sombra é a melhor maneira de vencê-la. Algumas sombras nunca são superadas, então você tem que abrir espaço para ela e até lhe servir uma xícara de chá! Essa sombra pode até ser uma forma de companhia, mas ela não pode substituir as pessoas ou coisas pelas quais choramos, mas não tenha medo de deixar que ela lembre você do que perdeu, enquanto empreende sua jornada pelo seu coração.

Use as práticas de atenção plena para trazer sua mente para o presente, processar o que está em seu coração e dar uma expressão criativa às suas emoções. Reconheça que alguns dias serão mais fáceis (ou mais difíceis) do que outros. Você será assaltada por muitas emoções. Pode nem sempre entender que você está sofrendo ou por que está sofrendo. Parte do seu cuidado consigo mesma é simplesmente reconhecer quando você está lutando contra a dor e saber quais recursos você tem à sua disposição e quando pedir ajuda.

Checklist para tempos difíceis

Quando estamos passando por momentos difíceis, muitas vezes nos esquecemos de cuidar do nosso corpo e do nosso espírito, enquanto buscamos estratégias básicas de sobrevivência. Todo mundo passa por momentos em que tudo o que almeja é conseguir chegar vivo no final do dia. Mesmo em seus momentos mais desafiadores, você é digna de atenção, carinho e espaço para respirar. Use este *checklist* para recuperar a sensação de controle, diminuir a ansiedade e certificar-se de que está cuidando do seu veículo físico. Recomendo que percorra os itens na ordem em que são apresentados, mas use sua intuição para descobrir o que é melhor para você.

1 Levante-se e estique os braços acima da cabeça. Depois abaixe-os até os pés, dobrando a cintura, e deixe que fiquem pendurados na altura dos dedos dos pés. Depois vá subindo, desenrolando o tronco lentamente, então inspire e expire, deixando os braços soltos ao lado dos quadris.

2 Beba um copo de água.

3 Se você ainda não fez isso hoje, tome uma ducha, mesmo que breve.

4 Vista roupas confortáveis.

5 Faça uma xícara de chá, um café ou um lanche. Evite consumir muito açúcar para evitar uma hipoglicemia reativa, que causa letargia, cansaço e mal-estar.

6 Faça uma lista de tudo que ocupa seu tempo e exige sua energia. Organize os itens priorizando tudo que você pode ou deve resolver imediatamente. Peça a ajuda de outras pessoas quando se tratar de algo que possa delegar, negociar um prazo maior ou simplesmente resolver mais tarde.

7 Aborde suas preocupações imediatas e só depois passe para a sua lista de itens secundários. Defina um período de tempo para você fazer uma pausa e cumpra-o. Use um cronômetro e um alarme, se possível.

8 Durante essa pausa, reserve um tempo para telefonar ou enviar uma mensagem de texto para um amigo ou membro da família.

Sugestões de ideias para você refletir

- Se você tivesse que nomear uma emoção que sente agora, seria...
- Quais dos seus limites não estão sendo respeitados? Que limites você precisa reforçar para se sentir segura?
- Descreva como você é quando está sozinha. Descreva como você é quando está junto de outras pessoas. Como você pode aproximar esses dois eus para que eles se conheçam?
- Se você pudesse falar com o seu eu de cinco anos atrás, o que diria para se ajudar? Se você pudesse falar com seu eu de cinco anos atrás, o que gostaria que ele tivesse lhe dito?
- Descreva uma coisa gentil que você fez para si mesma ultimamente.
- O que faz você se sentir segura? Como pode cultivar e criar isso para si mesma?

Que Tipo de Magia Você Pode ou não Pode Fazer

A sua convicção pessoal e as práticas mágicas intencionais podem fazer maravilhas pela sua saúde mental, mas não devem ser usadas como substitutos para a terapia, a medicação e os relacionamentos importantes da sua vida. Uma das partes das práticas de autocuidado é saber quando você precisa da ajuda de outras pessoas. Você merece toda atenção e é uma pessoa muito valiosa neste mundo.

Se você está se sentindo sozinha e preocupada com seu estado mental, é importante começar a buscar cuidados mais formais. Pergunte a um amigo ou parente de confiança se você não tem certeza sobre por onde começar. Seu clínico geral também pode ajudá-la a encontrar um terapeuta ou cuidados médicos mais especializados. Às vezes basta você fazer um *checkup* para verificar seus níveis de vitamina D! Não tenha medo de consultar um especialista se você estiver preocupada com seu estado emocional ou se notar uma grande mudança em seu bem-estar mental no dia a dia.

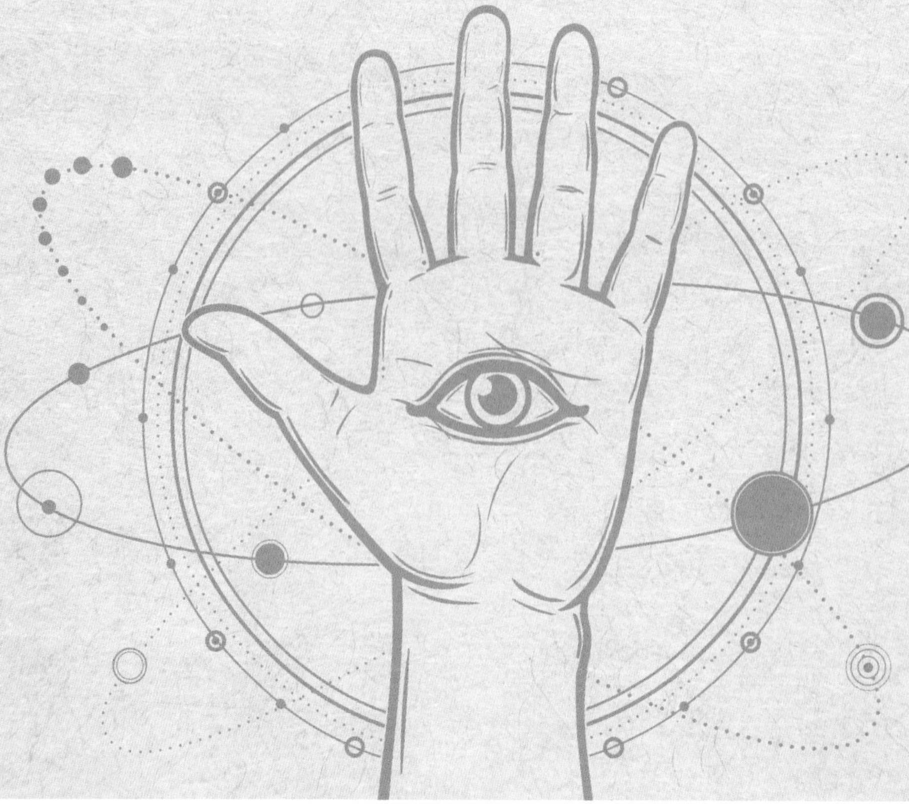

CEPHEUS
URSA MAJOR

3

CONECTE-SE COM OS SEUS INSTRUMENTOS

Astrologia e Tarô

O universo tem muitas maneiras de enviar sinais e mensagens por meio da nossa intuição. Para isso, existem muitos instrumentos à nossa disposição, desde os cristais até as cartas de tarô, passando pelas ervas e a Astrologia. Pense nesses instrumentos como um impulso "tecnológico" para a sua prática mágica de cuidados pessoais. Descrevo neste livro informações básicas sobre duas práticas muito importantes para as bruxas: a Astrologia e o Tarô. Ambas vão muito além do que pode ser descrito aqui, mas este capítulo pode ajudá-la a começar sua jornada, ao longo da vida, para conhecer melhor a si mesma, a sua intuição e o universo. Por meio desses instrumentos você também pode se conectar com a imensa comunidade de bruxas praticantes, portanto siga sua curiosidade (e sua intuição) para descobrir mais sobre os instrumentos que chamam sua atenção.

A Astrologia

A Astrologia é o estudo do significado e do impacto que as estrelas têm sobre nós, aqui na Terra. Há um número incontável de usos para os cálculos e sistemas de significado que a Astrologia explora e uma grande variedade de técnicas, metodologias e tradições com que se trabalhar. Este livro se limitará ao básico, que a ajudará a cuidar de si mesma e a entender os fundamentos desse instrumento. Se você achar a Astrologia fascinante, saiba que existe muito mais para você colocar em prática e pode ser uma jornada gratificante descobrir o que funciona melhor no seu caso. Não tenha medo de se aprofundar no assunto, se esta seção despertar seu interesse!

Os Signos

Existem doze signos do Zodíaco e cada um deles é representado no mapa astral (mesmo se você não tiver um planeta nesse signo!). O modo como eles são ativados em seu mapa vai depender da posição dos planetas e de onde o seu signo ascendente se encaixa no ciclo dos signos. Embora, por tradição, pensemos em janeiro como o início do ano, na Astrologia o ciclo começa em março, com o equinócio da primavera. Assim se inicia o ciclo do ano astrológico, cujos signos se apresentam na ordem a seguir e aproximadamente nas mesmas datas a cada ano. Essas datas podem mudar um dia ou dois, uma vez que o Sol não segue o nosso calendário gregoriano, mas estão sempre próximas desses dias e nessa ordem, não importa para que estejam sendo usadas.

Cada signo tem seu próprio elemento, modalidade e arquétipo, que definem o seu caráter. Consulte a página 66 para explicações mais detalhadas sobre esses aspectos e definições.

ÁRIES
Fogo, cardinal – início

TOURO
Terra, fixo – preparação

GÊMEOS
Ar, mutável – curiosidade

CÂNCER
Água, cardial – conexão

LEÃO
Fogo, fixo – desempenho

VIRGEM
Terra, mutável – organização

LIBRA
Ar, cardinal – equilíbrio

ESCORPIÃO
Água, fixo – comprometimento

SAGITÁRIO
Fogo, mutável – exploração

CAPRICÓRNIO
Terra, cardinal – estrutura

AQUÁRIO
Ar, fixo – invenção

PEIXES
Água, mutável – intuição

A Leitura do seu Mapa Astral

Seu mapa astral é uma chance de começar a desvendar o mistério de quem você é. O que ele descreve é, por assim dizer, a sua "configuração de fábrica", criada pelo universo no momento do seu nascimento com base na posição das estrelas. As estrelas e os planetas nunca estão no mesmo lugar em suas jornadas infinitas, mas o mapa astral é como um retrato do céu. Também conhecido como mapa natal, ele é um mapa das estrelas e dos planetas do modo como estavam dispostos no céu quando você respirou pela primeira vez neste mundo. Quando você nasceu, as estrelas estavam na posição em que aparecem no mapa. Essa configuração de estrelas e planetas influencia o modo como você vivencia o mundo, embora as escolhas que você faz é que determinem os caminhos que você trilha na vida. É a combinação entre as configurações e tendências do mapa astral e o livre-arbítrio que moldam cada um de nós e nos tornam os indivíduos únicos que somos.

A Astrologia pode ser usada com várias finalidades, mas um dos seus usos mais acessíveis é como método de autoconhecimento. Saber como você transita pelo mundo pode ajudá-la a transitar com mais suavidade e coragem, além de permitir que tenha mais compaixão por si mesma. Seu mapa astral não pode revelar quem é a sua alma gêmea ou que caminho você deve seguir na vida. Mas ele pode, no entanto, oferecer um panorama do que você valoriza, de como se comunica e da sua relação com a transformação, o poder e a estrutura.

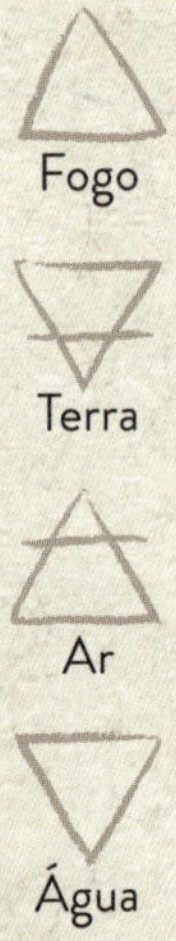

Elemento

Os signos podem ser divididos em várias categorias diferentes, que delineiam as relações entre eles. Os elementos Fogo, Terra, Ar e Água definem as características específicas de cada signo.

Modalidade

A outra divisão entre os signos é a modalidade, ou maneira de ser. Cada signo tem uma combinação única de elemento e modalidade. As três modalidades possíveis são cardinal, fixo e mutável.

Vocabulário Astrológico

MAPA ASTRAL

O mapa natal é uma representação visual das estrelas e dos planetas na posição em que estavam no céu no momento do seu nascimento. Ele é usado na Astrologia para oferecer um retrato de quem você é e o que pode se tornar.

SIGNOS

Os signos astrológicos do Zodíaco se baseiam numa seleção de constelações que se movem num ciclo ao redor da Terra, e cada um representa um arquétipo ou forma de estar no mundo. Eles funcionam como uma lente através da qual podemos ver os vários planetas e posicionamentos que regem partes do nosso ser.

PLANETAS

Na Astrologia, os planetas do nosso sistema solar (inclusive Plutão) representam porções específicas da personalidade, dos caminhos de vida e das experiências de cada pessoa. Cada planeta tem um domínio específico que ele rege e signos específicos com os quais tem uma relação especial.

RETRÓGRADO

No período em que um planeta fica retrógrado, ele parece estar retrocedendo no céu, com relação à Terra. Na Astrologia, esse período é um momento para se refletir e reavaliar os assuntos que esse planeta rege.

CASAS

As casas são um sistema específico para organizar os impactos que os planetas e os signos exercem na vida da pessoa. Cada casa rege uma parte específica do mapa astral e sua parte correspondente de experiências, e os impactos dos planetas e signos sobre essas experiências são mais significativos nesse espaço.

TRÂNSITO

Trânsito é o termo astrológico que designa o movimento dos planetas e das estrelas em relação à Terra. Do nosso ponto de vista, os planetas se movem através dos signos e dos seus planetas regentes, e podem dar a impressão de que se movem mais devagar, mais rápido ou até mesmo para trás.

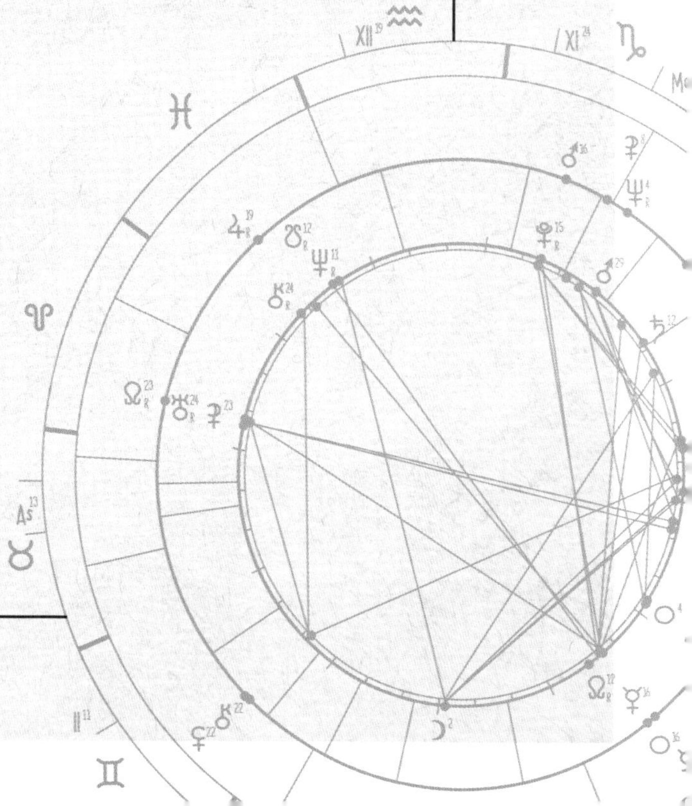

Os Luminares

Existem três elementos principais em seu mapa que têm um impacto particularmente visível na maneira como você se comporta e se relaciona com os outros. Trata-se do signo solar, do signo da Lua e do signo ascendente. Esses três signos são os mais acessíveis, é muito fácil você descobrir quais eles são, e eles mostram como você se vê e como é visto pelos outros. Pense nesses signos como lentes coloridas através das quais você vê os aspectos da sua vida regidos por cada corpo planetário. Eles definem uma forma de se relacionar ou ver uma área em questão. Essas lentes não mudam necessariamente os fatos, mas podem modificar ou influenciar o modo como você percebe o que está olhando.

Mesmo quando levamos em conta apenas esses três elementos do mapa astral, saiba que os signos do Sol, da Lua e do Ascendente podem formar mais de 1.700 combinações diferentes. Um mapa astral completo divide cada signo em 30 graus, cada um deles com significados únicos e posicionamento correto dentro de cada planeta do sistema solar; sim, os mapas natais podem ser excepcionalmente detalhados. Na prática, isso significa que não existem dois mapas astrais iguais, uma vez que os planetas estão em movimento constante. Até irmãos gêmeos, nascidos com apenas um ou dois minutos de diferença, têm mapas ligeiramente diferentes. Essa diferença de alguns minutos pode alterar o Ascendente e toda a estrutura do mapa. E duas pessoas nascidas exatamente no mesmo instante, mas a 100 quilômetros de distância, também terão mapas diferentes! Então não estranhe se você não é nada parecida com alguém que tenha o mesmo signo solar que você. Cada mapa astral é tão único quanto uma impressão digital cósmica.

SOL

Seu signo solar revela como você se vê e como você faz escolhas sobre quem você é. Ele está muitas vezes associado ao conceito de ego ou de individualidade. Embora o seu signo solar seja certamente a parte mais conhecida do seu mapa (tudo que você precisa para identificá-lo é saber a sua data de nascimento), ele é apenas uma pequena parte de quem você é e de como você se comporta no mundo. O Sol muda de signo aproximadamente uma vez por mês e são a essas mudanças que os astrólogos se referem quando escrevem horóscopos.

LUA

Seu signo lunar é como você se sente e processa as suas emoções. A Lua muda de signo a cada poucos dias, o que significa que até as pessoas que compartilham o mesmo signo solar podem ter signos lunares muito diferentes. Seu signo lunar rege seu coração e suas reações emocionais às circunstâncias. Ele entra em ação sempre que suas emoções vêm à tona, o que acontece na maioria das vezes! Se você não se identifica muito com as características básicas do seu signo solar, pode ser em parte porque você tem um signo lunar muito diferente.

SIGNO ASCENDENTE

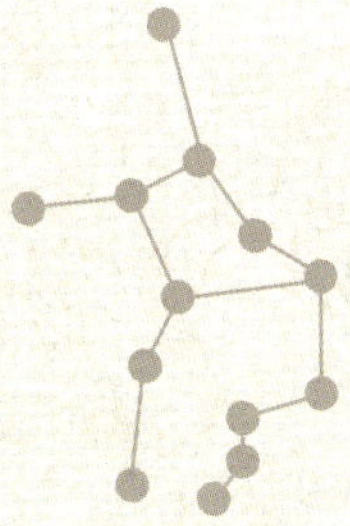

Seu Ascendente é como você é visto pelos outros e mostra sua identidade para as outras pessoas. Esse signo é a constelação de estrelas que se elevava no horizonte oriental no instante em que você nasceu. Os Ascendentes mudam rapidamente, a cada poucas horas. E esse é o signo a partir do qual todo o seu mapa natal começa – na verdade, a maioria dos astrólogos lhe dirá para começar a calcular o seu mapa a partir do Ascendente, porque todo o resto é construído a partir desse cálculo. Como o horário e a localização desse signo são pontos fundamentais para o cálculo do Ascendente, é importante que você saiba a hora e o local exatos onde nasceu para que tenha um mapa astral preciso.

SEUS PLANETAS PESSOAIS

Os planetas vizinhos ao nosso, no sistema solar, são pequenos, mas impactantes, movendo-se rapidamente no céu. Esses planetas são conhecidos como planetas pessoais, porque definem a maneira como nos comunicamos e agimos e o que valorizamos. Juntos, esses três planetas podem revelar algumas informações profundas sobre como você se relaciona com o mundo. Se os três estiverem em conflito, você precisará refletir sobre a melhor forma de aproveitar a energia deles de maneiras que sejam satisfatórias e gratificantes. Se estiver com dificuldades num aspecto da sua vida que eles regem, você pode usar as informações relacionadas à combinação entre signo e planeta.

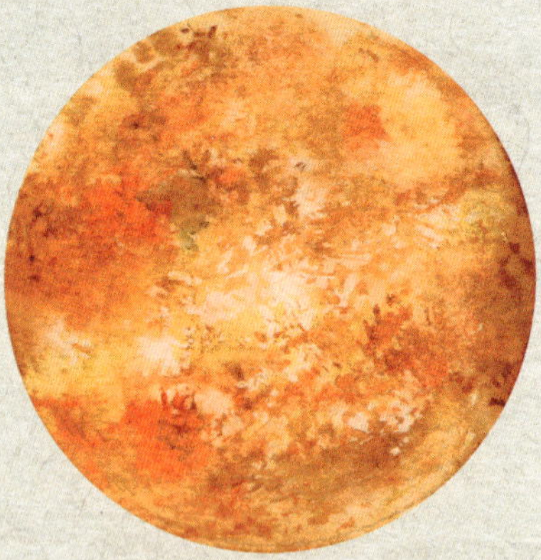

☿

MERCÚRIO

O planeta Mercúrio, de movimento rápido, é o que está mais próximo do Sol e seu nome vem do deus romano da comunicação, da adivinhação e das viagens (entre outras coisas). Na Astrologia, esse encrenqueiro de vários talentos diferentes pode ser mais conhecido pelo seu problemático período retrógrado, mas ele também desempenha um papel importante em seu mapa natal. Mercúrio rege a comunicação, as informações, a logística e as ferramentas. Basicamente, se você usa algo para se conectar com as outras pessoas, esse veículo de comunicação é regido por esse planeta. É por isso que seu período retrógrado tem uma reputação tão ruim: ele é conhecido por causar pane na tecnologia, atrasos em viagens e falhas de comunicação. Você vai sentir o impacto do seu signo de Mercúrio quando estiver aprendendo, conversando ou trabalhando – basicamente, em qualquer momento em que estiver trocando ou interpretando informações.

♀

VÊNUS

Vênus é, por tradição, associado ao romance (afinal, seu nome vem da deusa romana do amor e da beleza), mas, na Astrologia, Vênus rege os valores. O seu signo de Vênus colore o modo como e o que você valoriza na sua vida e o que a faz se sentir valorizada. Esse planeta é importante para a sua vida amorosa, claro, mas ele também afeta sua relação com o dinheiro, com os assuntos materiais, com o seu espaço e até mesmo com seu conceito de justiça. Afinal, seus valores e ética são um grande indicador do que você valoriza em si mesma e nos seus relacionamentos com as outras pessoas (sejam eles românticos, platônicos ou de outra natureza).

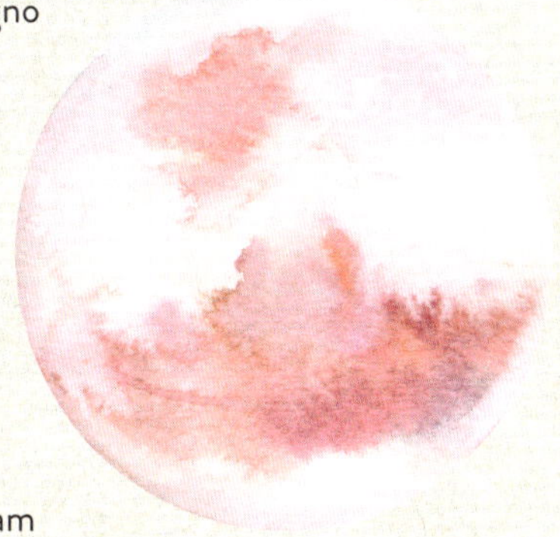

♂

MARTE

Marte é o planeta da ação e, como seu deus romano homônimo, ele não se deixa escravizar por ninguém... Seu nome vem do deus da guerra e é conhecido por colocar ação na vida de todo mundo. O signo de Marte é um indicador dos seus desejos: o que você quer, como você consegue e o que desencadeia o seu mau humor quando você não consegue. É o planeta que alimenta tanto as suas ambições quanto o seu desejo sexual. O signo que Marte ocupa no seu mapa natal pode ter um grande impacto sobre os seus relacionamentos com as outras pessoas, a sua vida romântica e a sua carreira.

OS PLANETAS CLÁSSICOS

Além dos luminares e dos planetas pessoais, existem dois outros planetas em seu mapa que podem ser vistos a olho nu. Por causa disso, esses planetas têm feito parte da Astrologia desde muito antes da invenção dos telescópios. Esses planetas são também chamados de "planetas sociais".

♃

JÚPITER

Júpiter é o planeta da abundância, da expansão e do crescimento. Embora esteja associado à sorte e à fortuna, sua influência amplia tudo o que toca, incluindo maus hábitos e suposições infundadas. Esse planeta é muitas vezes associado ao ensino superior, à religião e à exploração, ajudando a expandir horizontes e celebrar conquistas. Seu signo de Júpiter conecta você com suas ambições mais elevadas e com o seu desejo de abrir seu próprio caminho, mas ele não é um grande realizador. Você terá que verificar outros planetas para saber como costuma lidar com os compromissos e qual seu nível de persistência.

♄

SATURNO

Saturno é um planeta que ajuda a criar, construir e manter uma estrutura. Com foco na civilidade, na ambição e na produtividade, esse planeta explora sua relação com a autoridade, sua perseverança e sua praticidade. Seu signo de Saturno ajuda você a engendrar e executar seus planos de longo prazo e superar os desafios impostos pelas suas responsabilidades. Esteja você só preocupada em equilibrar o seu orçamento ou em construir um império, esse é o planeta que vai ajudá-la a atingir seus objetivos.

OS PLANETAS GERACIONAIS

Os planetas geracionais são aqueles que se movem lentamente no céu, moldando gerações. A posição desses planetas se mantém por vários anos e forma gerações distintas. Eles não são incluídos na Astrologia clássica antiga, mas abordam experiências coletivas.

URANO

Urano é um planeta revolucionário, violador de regras e incitador de rebeliões. Esse planeta orienta mudanças radicais, a revisão de sistemas falidos e a invenção de novas formas de estar no mundo. Seu signo de Urano revela sua própria relação com a individualidade, a cura coletiva e o crescimento, e sua propensão pessoal para se rebelar contra o que você acredita que não serve mais aos seus interesses mais elevados. Espere as surpresas inesperadas e repentinas quando esse planeta é ativado.

NETUNO

Associado ao subconsciente, aos sonhos e ao nosso inconsciente coletivo, Netuno é o planeta das ilusões e das aspirações. Como está sintonizado com as várias maneiras pelas quais processamos a emoção e a inspiração, é também associado à intuição, à criatividade e ao autoengano e aos falsos ideais. Embora possa ser difícil definir isto, seu signo de Netuno mostra como você se conecta com seus desejos mais profundos, seus sonhos ocultos, seus anseios subconscientes e suas ilusões pessoais.

PLUTÃO

Plutão pode ser pequeno, mas na Astrologia esse poderoso miniplaneta rege o poder, o renascimento e a transformação. Quando está ativo, esse planeta também ajuda você a superar versões obsoletas ou antigas de si mesma, convidando-a a ser ousada e corajosa em suas tentativas de se reinventar. Seu signo de Plutão revela as partes de você que estão prontas para a transformação e lhe propicia combustível para que a magia alquímica impulsione seu poder.

Suas Casas

As casas de um mapa natal são um ciclo de doze seções que começa com a primeira casa, cujo início está alinhado com o seu Ascendente. Existem muitos sistemas para determinar exatamente onde estão os limites das casas; os astrólogos usam sistemas diferentes. (Cada casa também tem uma relação especial com o planeta pelo qual é regida. Se isso interessa a você, é um ótimo ponto de partida para a interpretação do seu mapa.) O método mais simples é usar a o sistema das casas inteiras, que alinha cada casa com os limites de cada signo. Isso torna as coisas mais organizadas tanto para você aprender quanto para analisar o seu mapa.

Começando do seu Ascendente, as casas são organizadas no sentido anti-horário, em torno do mapa. O Ascendente sempre fica na posição de nove horas no seu mapa. Isso significa que a primeira casa fica logo abaixo da posição do Ascendente e a partir dela as outras doze seções ao redor da roda, sendo que a décima segunda casa fica logo acima da primeira.

As Doze Casas

- ✶ PRIMEIRA: A casa do eu, que mostra como você aparece para os outros e a sua perspectiva na vida.
- ✶ SEGUNDA: A casa de valores, do dinheiro, das finanças, da autoestima e dos bens materiais.
- ✶ TERCEIRA: A casa da informação, da interação, das conexões e das habilidades de comunicação.
- ✶ QUARTA: A casa da vida familiar, das suas raízes, do seu relacionamento com seus antepassados e da sensação de segurança.
- ✶ QUINTA: A casa da criatividade, da brincadeira, da busca, do romance e do prazer.
- ✶ SEXTA: A casa da vida cotidiana, do trabalho, da rotina, do serviço, da organização e do autoaperfeiçoamento.
- ✶ SÉTIMA: A casa do companheirismo, das parcerias e dos laços significativos – os alegres e os complicados.
- ✶ OITAVA: A casa da transformação, da sexualidade, da morte, do renascimento, bem como do ciclo de consequências.
- ✶ NONA: A casa das crenças e das convicções, da aventura e da exploração, do ensino superior e da moral.
- ✶ DÉCIMA: A casa da carreira, das ambições, da vocação, do relacionamento com as autoridades e da realização.
- ✶ DÉCIMA PRIMEIRA: A casa das conexões sociais, da realização pessoal, do propósito interior e das relações de grupo.
- ✶ DÉCIMA SEGUNDA: A casa do crescimento profundo, das forças ocultas e das fraquezas, dos sonhos e da espiritualidade.

A relação entre os signos, os planetas e as casas é complicada, por isso não pense que você precisa ter tudo isso memorizado para usar a Astrologia como um instrumento de autoconhecimento! Até os astrólogos consultam obras de referência. A melhor maneira de aprender é examinar o seu próprio mapa e começar identificando seu Sol, sua Lua e seu Ascendente. Quando você sentir que está entendendo melhor esses signos, siga adiante, familiarizando-se com um planeta por vez. Conhecer a Astrologia é como conhecer seus vizinhos, só que os astros são vizinhos metafísicos, em vez de físicos!

Demora um pouco para você travar um relacionamento com as várias partes do seu mapa astral e compreender como eles se encaixam, e por isso talvez você prefira consultar um astrólogo ou um amigo bem versado em Astrologia para orientá-la nos seus primeiros passos pela Astrologia.

Os Trânsitos e seus Impactos na sua Vida

Você já sabe que os planetas estão em constante movimento e é por isso que cada pessoa tem seu próprio mapa astral, que é diferente de todos os outros. O mundo continua girando, dando-nos uma nova oportunidade de recomeçar a cada dia. O que isso significa para a Astrologia é que cada momento tem seu próprio "clima planetário" único. E como os planetas se movem em círculos ou elipses ao redor do Sol, eles se movem pelo céu (e através dos signos) num padrão previsível. A Astrologia e a Astronomia não eram tão diferentes até algumas centenas de anos atrás. Elas consistiam na mesma prática de rastrear o movimento dos planetas com mapas e estrelas. Mas, enquanto a Astronomia passou a buscar explicações científicas para o movimento dos planetas, a Astrologia passou a descrever o impacto mais esotérico que esses planetas têm sobre a nossa vida diária.

Seu horóscopo é basicamente um boletim meteorológico cósmico que você pode usar para saber quais ciclos planetários estão impactando a sua vida e ativando seu mapa astral. Você pode achar o céu particularmente impactante quando um planeta retorna ao mesmo lugar em que estava quando você nasceu (isso é chamado de retorno planetário, sendo o mais problemático deles o retorno de Saturno, por volta do seu vigésimo nono aniversário). A Lua, no entanto, se move tão rapidamente que ocupa seu signo lunar natal aproximadamente uma vez por mês, ativando suas emoções mais intensamente. O Sol retorna apenas uma vez por ano ao lugar em que estava no seu nascimento, o que os astrólogos chamam de retorno solar e todas as outras pessoas chamam de "aniversário".

Se você quiser usar a Astrologia como um instrumento das suas práticas de cuidados pessoais, saiba que, quanto mais específica você for, mais útil esse instrumento será. Encontre um aplicativo em que você possa usar seus dados de nascimento para descobrir o que está acontecendo no céu neste momento e, o que é mais importante, o que isso significa para o seu mapa astral. Se isso lhe parecer muito complicado, consulte um astrólogo cujos horóscopos você aprecie e leia a parte sobre o seu Ascendente. Como esse signo determina suas casas e o astrólogo consulta o Ascendente do mapa para escrever os horóscopos, você descobrirá que é bem provável que o que está sendo dito sobre o Ascendente corresponda ao que está sendo ativado em sua vida, mesmo que você não tenha informações sobre seus planetas específicos ou outras mais complexas.

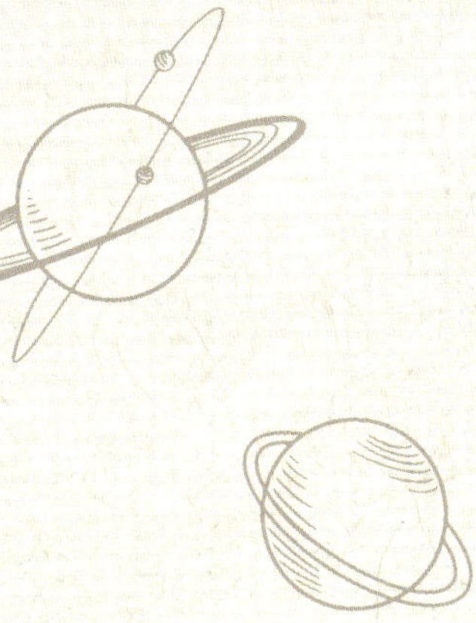

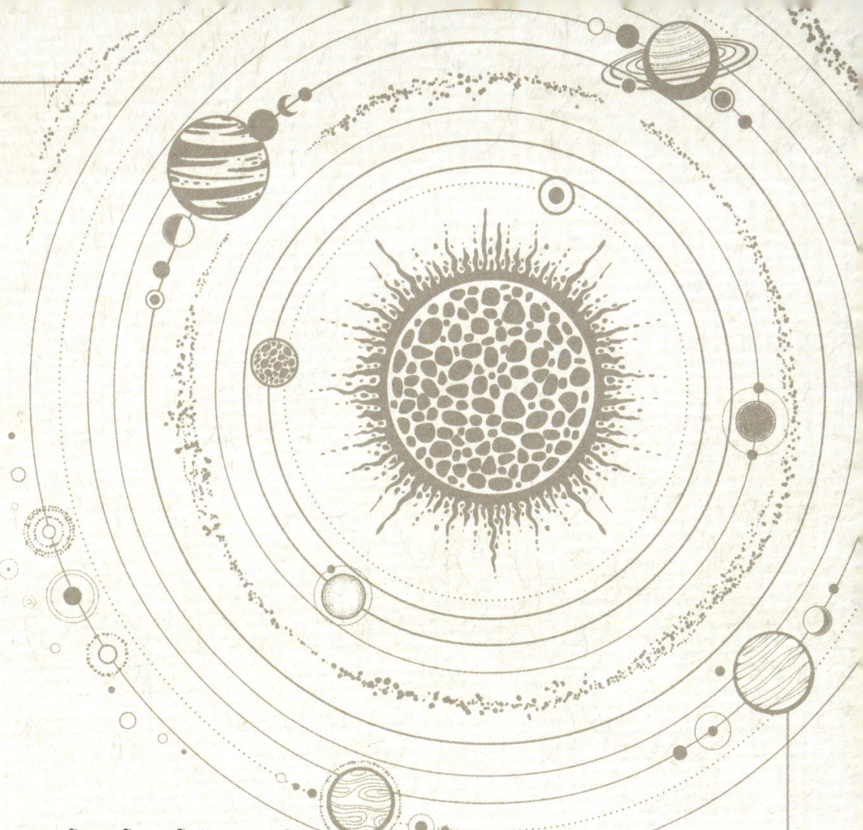

OS PERÍODOS RETRÓGRADOS NÃO SÃO TÃO RUINS!

A palavra "retrógrado" é muitas vezes considerada com um certo temor na Astrologia, mas tudo o que ela significa é que, devido ao jeito complicado com que as órbitas planetárias interagem ao redor do Sol, normalmente em velocidades diferentes, às vezes um planeta parece estar se movendo para trás no céu, quando observado da Terra. Quando os planetas desaceleram ou retrocedem, isso é um lembrete para que revisemos os assuntos regidos por esses planetas. Mercúrio retrógrado nos pede que sejamos mais ponderados e cuidadosos com as informações e a logística. Vênus retrógrado nos lembra de pensar sobre o que valorizamos e como mostramos isso em nossa vida. Marte retrógrado é um período em que é melhor desacelerar e refletir sobre o que realmente queremos.

Cada planeta tem um período retrógrado em algum ponto da sua jornada pelo céu. Aqueles que estão mais perto da Terra apresentam períodos retrógrados com mais frequência, porque eles orbitam o Sol mais rápido e sentimos seus impactos com mais intensidade, pois eles estão mais próximos de nós e ficam retrógrados com mais frequência. Os planetas externos também têm seus períodos retrógrados, mas o impacto que causam se dilui ao longo de meses e há uma mudança mais sutil no clima energético. O Sol e a Terra nunca retrocedem porque o termo "retrógrado" se refere à relação de um planeta com as órbitas do Sol e da Terra. (Isso é apenas ciência!)

5 MANEIRAS DE FAZER UMA REPARAÇÃO ASTROLÓGICA

A reparação do mapa astral é uma prática específica em que o astrólogo trabalha as partes do seu mapa que você acha desafiadoras ou complicadas e as analisa para compreendê-las melhor e integrar sua sabedoria ao seu eu.

1 **Conheça os signos e os planetas.**
A melhor maneira de conhecer seu mapa astral é começar pela posição dos signos e dos planetas. Se você está se sentindo perdida, comece com um signo (talvez o seu signo solar ou o Ascendente) e investigue a fundo esse signo e seu planeta. Aprenda tudo o que puder sobre eles e dê a si mesma tempo suficiente para observá-los. Depois que começar a se sentir mais familiarizada com esse signo e seu planeta, passe a analisar o próximo planeta, até conhecer todos, um por um.

2 **Estude os trânsitos.**
Seu horóscopo é uma previsão geral do que as pessoas com o mesmo Ascendente que você também estão vivenciando. Se você puder, é uma boa ideia rastrear o movimento dos astros à medida que eles afetam você, fazendo o mesmo com todos os planetas. Use um aplicativo para ver a posição das estrelas dia após dia e para observar quando os planetas estão nos mesmos signos do seu mapa. Você pode manter um diário de como os vários climas planetários afetam você e buscar padrões no signos e planetas que parecem afetá-la mais.

3 **Use os planetas retrógrados a seu favor.**
Quando um planeta está retrógrado, ele está desacelerando e fazendo o mesmo com os aspectos da sua vida que ele rege. Quando Mercúrio está retrógrado, ele pede para você diminuir o ritmo e ser extremamente cuidadosa com a maneira pela qual se comunica oralmente e por escrito. De modo semelhante, os períodos retrógrados de outros planetas abrem espaço para pausas e ciclos de reflexão necessários. Use-os a seu favor e veja o que você pode aprender quando desacelera!

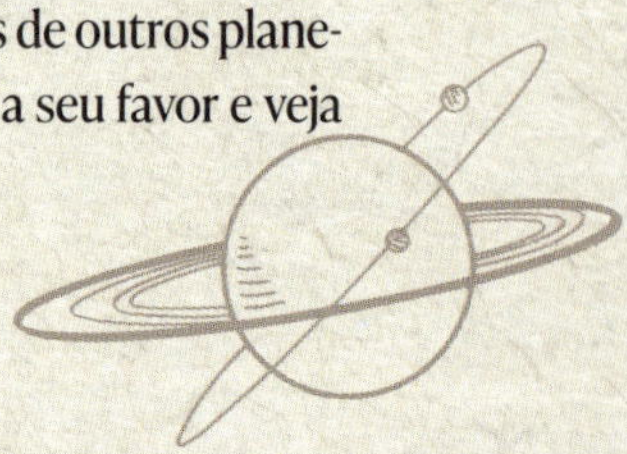

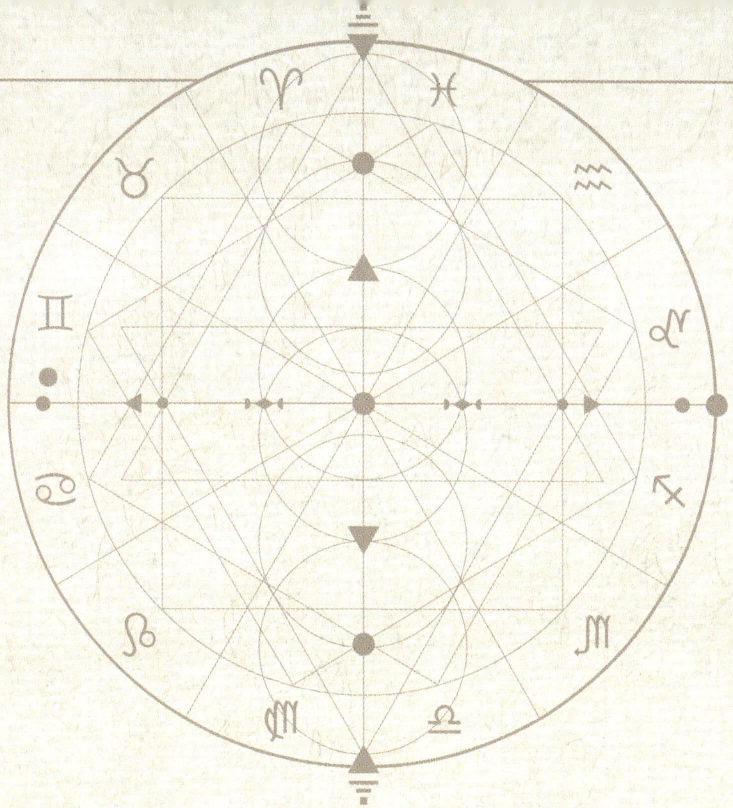

4 Concentre-se no que é difícil.

Não é fácil trabalhar nem mesmo com a configuração astral mais favorável. Algumas combinações de planetas, signos e casas podem ser conflitantes e ter energias ou prioridades incompatíveis. Existem até designações formais; um planeta pode estar em detrimento ou queda, duas categorias usadas quando um planeta está ocupando um signo que está em conflito com o que ele rege ou tem uma fraqueza em particular. Se você tiver dificuldade com um dos tópicos de um determinado planeta (por exemplo, você tem uma relação difícil com o dinheiro), procure saber em que signo está o seu planeta Vênus e que casa ele ocupa no seu mapa. Pode ser necessário mais esforço da sua parte para entender e trabalhar com essa energia, de modo que esse aspecto fique menos desafiador.

5 Aceite o que é bom.

Alguns posicionamentos do seu mapa parecem incrivelmente fáceis e naturais, e é ótimo comemorar isso. Se você tiver uma força específica em seu mapa, concentre-se nela! Não há necessidade de suavizar ou equilibrar o que você acha prazeroso, contanto que não esteja afetando outras partes da sua vida. Se, por exemplo, seu Mercúrio está num signo que é mais gregário e social, aproveite essa vantagem! Apenas tome cuidado com a fofoca ou com a exaustão, pois mesmo o que é bom, em exagero, acaba fazendo mal!

O Tarô

Em comparação com a Astrologia, as cartas de tarô são um pouco mais diretas. O baralho de tarô tradicional tem 78 cartas classificadas em naipes, exatamente como um baralho de cartas comum. Num baralho de tarô, os quatro naipes são Paus, Ouros, Espadas e Copas. Cada um desses quatro naipes contém um Ás, cartas 2 ao 10 e cartas "da Corte", com figuras. Juntos, os quatro naipes são chamados de Arcanos Menores, que se distinguem de um outro conjunto especial de cartas que compõe um baralho de tarô distinto. A grande diferença entre as cartas de jogar e as cartas de tarô (além do desenho das figuras, que varia muito) é que o baralho de tarô tem também um conjunto de cartas adicional, chamado de Arcanos Maiores. Os Arcanos Maiores contêm todas as cartas pictóricas tradicionais que são tão evocativas e comumente associadas ao tarô: o Louco, a Imperatriz, os Amantes, o Diabo, o Mundo, além de muitas outras.

A metodologia básica do tarô também é simples. A regra número um com relação às cartas é tratá-las com respeito, da mesma maneira que você trataria qualquer objeto ritual significativo. Mantenha as cartas limpas e sem a energia de terceiros com um sino, um incenso ou colocando seu cristal favorito sobre o baralho. Não as use para jogar nem as compartilhe com pessoas que não as respeitam. Se você cuidar bem do seu baralho de cartas, elas podem ser um instrumento fácil e acessível para você entrar em sintonia com a sua intuição, sempre que precisar de algum tipo de orientação.

COMO USAR AS CARTAS

Para usar as cartas de tarô, primeiro limpe o baralho e embaralhe as cartas. Escolha uma tiragem tradicional ou um posicionamento intencional das cartas e o que cada posição vai indicar. Existem muitas tiragens que você pode usar, mas uma alternativa é criar você mesma uma tiragem (veja descrição nas páginas 89-91). Depois de embaralhar as cartas várias vezes, "corte" o baralho: divida-o em várias pilhas e depois coloque essas pilhas umas sobre as outras novamente, numa ordem diferente. Você pode até embaralhar mais de uma vez. O objetivo de todo esse movimento é dar a si mesmo tempo para refletir sobre as perguntas que deseja fazer, além de permitir que as cartas indicadas para a sua leitura subam à superfície do baralho

quando for a hora de tirá-las. Quando estiver pronta, verifique o número de cartas que a sua tiragem requer e as disponha na mesa na posição certa. Então é hora de interpretar e refletir!

Os seres humanos estão preparados para reconhecer padrões e contar histórias sobre si mesmos e sobre outros seres humanos. O tarô se baseia nessa nossa capacidade inata de fazer conexões, de nos reconhecermos nas histórias ao nosso redor e reinterpretar sinais com significado. A magia no seu cérebro incrível e imaginativo pode ajudar a trazer à tona a importante linha de pensamento entre os arquétipos apresentados nas cartas e os eventos e elementos de sua própria vida que sua intuição traz à tona enquanto você trabalha com as cartas. Acredite que seu poder de percepção está revelando as ligações mais relevantes e importantes através das cartas, mas preste atenção. Isso nem sempre significa que suas primeiras interpretações instintivas estão certas; tente deixar de lado o que você quer para ver e refletir sobre todos os lados e todas as interpretações em potencial.

Como Compreender Ciclos e Arquétipos para Obter Orientação

O baralho de tarô é constituído de ciclos e arquétipos que, juntos, ajudam a representar as muitas facetas da experiência humana. Existem dois "níveis" de cartas num baralho de tarô padrão, que simbolizam partes específicas da nossa vida: os Arcanas Maiores e os Arcanos Menores.

OS ARCANOS MAIORES

As cartas dos Arcanos Maiores retratam os principais temas da vida humana: grandes escolhas e decisões, principais momentos e temas, e exames que requerem reflexões profundas. Essas são as cartas que se tornaram icônicas na cultura pop, além de também terem correspondências com a Astrologia, o herbalismo e outras práticas esotéricas. Essas imagens poderosas se movem num ciclo que se assemelha à jornada do herói, começando com uma nova alma no início da sua caminhada e terminando com o mundo inteiro. Essa é uma jornada em que todos nós embarcamos, e cada carta dos Arcanos Maiores pede que você reflita sobre as várias celebrações e desafios que cada um de nós enfrenta à medida que progredimos na vida.

0 O LOUCO
Essa é a primeira carta do início da jornada, uma carta de renascimento, que simboliza um futuro em aberto.

1 O MAGO
Com todos os instrumentos necessários à disposição, esta carta representa criação, potencial e manifestação.

2 A SACERDOTISA

Uma carta de dualidade, escolhas e preparação, ela representa discernimento, intuição e sabedoria.

3 A IMPERATRIZ

Abundante e colaborativa, esta carta representa o crescimento, a divindade, a celebração e a evolução.

4 O IMPERADOR

Esta carta representa estabilidade, a construção de fundações, a criação de estrutura e a manutenção da responsabilidade.

5 O HIEROFANTE

Uma figura de autoridade, intermediária entre a matéria e o espírito, esta carta incorpora orientação, ensino e intenção.

6 OS AMANTES

Uma comunhão de harmonia e troca, esta carta representa relacionamentos, conexão e igualdade.

7 O CARRO

Esta carta é uma celebração da individualidade, da vitória e da superação de obstáculos, e também representa transição.

8 A FORÇA

A personificação da força é a paciência, o empenho para superar a limitação e alcançar a perfeição.

9 O EREMITA

Muitas vezes associada ao isolamento, esta carta celebra a abertura do seu próprio caminho e a busca pela verdade e o conhecimento.

10 A RODA DA FORTUNA

Esta carta representa o ato de abrir mão do controle, de aceitar o destino e o movimento do universo.

11 A JUSTIÇA

Uma carta relacionada às consequências, ela representa o equilíbrio dos relacionamentos, bem como o fluxo de poder nos relacionamentos.

12 O ENFORCADO

Um casulo à espera da transformação, esta carta é uma pausa, energia em potencial, reflexão interior e paciência.

13 A MORTE

Esta carta representa os ciclos naturais da vida, tanto a fertilidade quanto o pousio, começos, fins e renascimento.

14 A TEMPERANÇA

Moderação e tentação, esta carta registra o equilíbrio entre o universo e a necessidade de definir seus próprios limites.

15 O DIABO

Instabilidade e poder resumem o significado desta carta, que expõe os relacionamentos à autoridade e à perda.

16 A TORRE

Esta carta é a manifestação do desequilíbrio e da ruptura inesperada, que leva a novos caminhos.

17 A ESTRELA

Individualidade e confiança estimulam a expressão e a criatividade, permitindo que você floresça, assim como esta carta representa.

18 A LUA

Esta carta representa o instinto e a intuição, o poder dos sonhos e as possíveis armadilhas das ilusões.

19 O SOL

A personificação da iluminação e da abertura, esta carta também revela a realidade do seu caminho.

20 O JULGAMENTO

Um fim e um começo, esta carta pede que você considere suas escolhas e consequências.

21 O MUNDO

Uma porta aberta, a vibração e a empolgação de toda ação em potencial no universo, esta carta é a conclusão da jornada do Louco e um novo começo.

OS ARCANOS MENORES

As cartas dos Arcanos Menores são mais numerosas e formam a maior parte do baralho de tarô. Essas cartas são organizadas em quatro naipes, cada um com suas próprias características, determinadas pelos elementos que as regem. Dentro de cada naipe há um Ás, cartas numeradas de 2 a 10, e quatro cartas da Corte, com figuras: o Valete (ou Pajem), o Cavaleiro, a Dama e o Rei. Cada uma dessas cartas numeradas ou com figuras têm seus próprios significados, que seguem um ciclo semelhante à jornada do Louco, mas numa escala menor. O significado combinado do número e do naipe se unem para representar um conceito único para cada carta. Os Arcanos Menores tratam dos assuntos da vida cotidiana, as rotinas, as mágoas, as mudanças de emprego e as ambições. Esses momentos parecem ter muita importância na nossa vida, mas em contraste com os Arcanos Maiores, são preocupações que se desdobram ao longo de semanas ou meses apenas, não em ciclos de anos.

Naipes

PAUS

O naipe de Paus é regido pelo Fogo e por isso é associado ao entusiasmo, à paixão e à criatividade. As cartas deste naipe incorporam ação e energia, o processo de aprendizagem, e a busca da ambição e da aventura.

ESPADAS

As cartas do naipe de Espadas são regidas pelo Ar, que abrange o intelecto, as palavras e o turbilhão de pensamentos. Como sugere seu nome, elas também estão associadas ao conflito, à força e à intensidade. Esse naipe também é associado à ansiedade, ao ego e à lógica.

OUROS

As cartas de Ouros são regidas pela Terra e associadas a todos os assuntos materiais. Isso significa que esse naipe remete ao dinheiro, à estrutura e à responsabilidade, assim como ao corpo, à saúde, e aos cuidados com a casa e com a profissão.

COPAS

O naipe de Copas é regido pela Água, a fonte fluida da emoção e do sentimento. Ele também incorpora a intuição, a espiritualidade, assim como os relacionamentos e os laços de afeto. É um naipe que também rege o amor, a beleza e o romance.

Números

ÁS

Um novo ciclo de criação, inspiração e potencial

DOIS

Unidade e dualidade, escolhas, oposição e equilíbrio

TRÊS

Crescimento abundante, colaboração e acumulação

QUATRO

Estrutura e estabilidade, construção de fundações, responsabilidade

CINCO

Progresso e transformação, mudança, perda e instabilidade

SEIS

Harmonia e troca, solução e intercâmbio, dar e receber

SETE

Desafios, escolhas, transições e individualidade

OITO

Busca da perfeição, força, limitação e transcendência

NOVE

Conclusão e amadurecimento, realização e desafios, a conclusão de uma jornada

DEZ

O fim da estrada, um renascimento, acumulação e aprofundamento, novos começos

VALETES

Recebimento de novas mensagens e informações, aprendizado e educação, aprendizagem e esforço

CAVALEIROS

Ação e movimento, novas ideias e motivação, decisões, consequências e ego

DAMAS

Nutrição e fertilidade, abundância e criatividade, crescimento, cuidado, intuição, flexibilidade e fluidez

REIS

Liderança e estrutura, teimosia e rigidez, força de vontade, paixão, ambição

Leitura Intuitiva

A maneira mais fácil de construir uma prática de reflexão com suas cartas de tarô é usá-las com frequência – diariamente, se possível. Você pode aprender mais sobre as cartas tirando uma todas as manhãs e refletindo sobre as lições dessa carta que você pode aproveitar na sua vida. É bom encontrar um livro de referência ou aplicativo útil sobre tarô enquanto está aprendendo, mas deixe sua intuição guiá-la e ajudá-la a ir além das interpretações básicas. Quanto mais você fizer isso, mais aprofundará o seu relacionamento com seu baralho pessoal.

EM BUSCA DE ORIENTAÇÃO, NÃO DE RESPOSTAS

O tarô não se baseia na matemática e nos astros assim como a Astrologia, e seus componentes são muito mais pessoais e interpretativos. Suas habilidades com o tarô crescerão à medida que você se familiarizar mais com o baralho e aprofundar seu relacionamento consigo mesma. As respostas que a prática do tarô traz dependem muito da interpretação do consulente. Embora alguns tarólogos mais habilidosos usem a adivinhação para responder a perguntas específicas, para uma bruxa iniciante recomenda-se que ela busque orientação para resolver um problema, em vez de respostas para perguntas específicas. Ao fazer uma leitura de tarô para si mesma, passe algum tempo fazendo uma meditação ou praticando outras técnicas de concentração para se centrar, conecte-se com a sua intuição e faça a pergunta mentalmente. Se você prefere explorar técnicas específicas, verifique os exercícios das páginas 20 e 57.

CARTAS "BOAS" E "RUINS"

Algumas cartas de tarô, como a carta da Morte ou da Torre, são consideradas funestas, pois ambas têm associações com interpretações negativas. O Cinco de Copas, associado ao luto e ao desgosto, é uma carta de Arcanos Menores que costuma ser recebida com o mesmo temor. Mas é importante fazer algumas considerações sobre essas tais associações negativas. Todas as cartas do tarô são como moedas; elas têm dois lados, que representam a dualidade de todas as nossas experiências e o que podemos aprender com elas.

A carta da Morte é a carta mais óbvia que deve ser desvinculada da sua "má" reputação. Essa carta representa os ciclos naturais da vida e, sim, a morte faz parte deles. Mas ela também é associada ao nascimento e à regeneração (não existe uma carta de nascimento no baralho!). A vida de todos nós é composta de momentos maravilhosos e de momentos difíceis, e isso é inevitável. As cartas podem nos ajudar a ver e entender as lições que essas experiências nos trazem e a seguir em frente.

Aviso Importante

As cartas de tarô não são determinantes. Elas refletem suas escolhas, opiniões e pensamentos no momento da leitura. Você tem livre-arbítrio e sempre pode usar as reflexões que intui para fazer novas escolhas. O livre-arbítrio é um fator importante na sua prática de tarô e, se você tirar cartas desanimadoras, vale a pena refletir sobre por que você acha uma carta específica negativa e o que você pode fazer para processar esse sentimento. A prática de anotar suas tiragens e reflexões num diário pode ser muito útil ao trabalhar com cartas de tarô.

Como Criar a sua Própria Tiragem

No tarô, existem versões quase infinitas de tiragens e leituras. As tiragens são um padrão determinado de cartas em que a posição de cada carta tem um significado específico e predeterminado. Depois que a tiragem é criada ou selecionada, você pode embaralhar as cartas e começar a tirar as que serão usadas na sua leitura. Você pode encontrar tiragens de tarô em muitos livros, na internet ou por meio de aplicativos (duas tiragens clássicas foram incluídas a seguir), e também pode criar a sua própria tiragem com uma intenção específica em mente. Para criar sua própria tiragem de tarô, você precisará primeiro selecionar um tópico ou problema que gostaria de resolver. Pode ser um ciclo lunar, uma imagem ou uma série de perguntas que você gostaria de fazer. Decida a posição de cada carta e o significado que elas terão em cada posição. Você precisará usar essa informação como referência e manter o significado de cada carta depois de embaralhar e tirar as cartas para a leitura.

Seja criativa e não tenha receio de fazer muitos testes. Nem todas as tiragens que você criar serão eficientes, mas com a prática terá uma ideia do que funciona melhor para você. Experimente o máximo de tiragens que puder, de tantas fontes quanto possível, e inspire-se em sua experimentação. A seguir são apresentadas duas tiragens clássicas de tarô, que podem ajudá-la a começar suas leituras.

PASSADO, PRESENTE E FUTURO

1 **O Passado**
2 **O Presente**
3 **O Futuro**

Esta tiragem clássica é muito acessível para iniciantes, pois requer apenas três cartas. O desenho ao lado representa a posição das cartas, organizadas numa linha horizontal da seguinte maneira:

Quando você embaralhar as cartas e cortar o baralho, retire a carta de cima e coloque-a na posição 1; a carta seguinte na posição 2 e a última na posição 3. Cada carta representa o período de tempo designado e deve ser interpretada dentro de algumas semanas ou no máximo alguns meses. Pelo menos nas primeiras vezes que você usar essa tiragem, é altamente recomendável que reflita sobre as cartas e o relacionamento entre elas, e anote sua interpretação num diário.

A Cruz Celta

A cruz celta é possivelmente a tiragem mais comum que você encontrará nos livros de tarô. Trata-se de uma leitura holística poderosa, que mostra em que etapa da vida você se encontra no momento presente. Não deixe que a grande quantidade de cartas a impeça de trabalhar com essa generosa tiragem, que lhe proporcionará muito em que refletir. As cartas são as seguintes:

1 O CONSULENTE (VOCÊ): Esta posição representa o seu papel na situação.

2 FORÇAS OPOSITORAS: É aquilo com que você está em conflito ou que está combatendo.

3 A RAIZ DO CONFLITO: Esta é a fonte de tensão entre você e a sua situação.

4 O PASSADO RECENTE: A situação nas últimas semanas ou meses.

5 O PRESENTE MOMENTO: Este é o seu momento atual.

6 O FUTURO EM POTENCIAL: A situação em algumas semanas ou meses.

7 SUA ORIENTAÇÃO: Esta carta sugere a você os próximos passos ou uma abordagem em potencial.

8 SUAS INFLUÊNCIAS EXTERNAS: Esta carta representa os elementos da situação que estão fora do seu controle.

9 SUAS ESPERANÇAS E MEDOS: Esta carta representa tanto o que você espera como as armadilhas em potencial ou medos que tem com relação à situação.

10 O RESULTADO EM POTENCIAL: Se você não fizer nada diferente, esta carta mostra o futuro que tem pela frente (que está sujeito ao seu livre-arbítrio e escolhas).

Quando você embaralhar as cartas e cortar o baralho, retire a carta que está no topo e coloque-a na posição 1; em seguida, vá colocando as cartas nas posições, seguindo a ordem dos números e certificando-se de que está colocando as cartas nas posições corretas, à medida que são tiradas do baralho. Assim que todas as cartas forem sorteadas, use as interpretações das posições das cartas e depois interprete o significado das cartas em conjunto. Trate sua interpretação como uma história. As cartas 1, 2 e 3 representam quem, o quê e por quê. As cartas 4, 5 e 6 são o quando, começando no passado e seguindo para o futuro. Como esse conjunto de seis cartas transmite sua compreensão da pergunta que você fez ou do tópico que está tentando avaliar? Depois que sentir que entendeu essas cartas, passe para a fileira lateral que contém as cartas de 7 a 10. Essas cartas vão ajudá-la a entender como você segue em frente, quais recursos e estratégias você pode ter à sua disposição e qual o resultado potencial da situação, se você continuar nesse caminho. Juntas, essas cartas podem lhe dar muitas informações sobre a sua situação e quais opções você tem.

4

CONECTE-SE COM A SUA CASA

Espaço e Energia

Você dedica uma grande parte do seu tempo e da sua energia à sua casa. Seu relacionamento com esse espaço muitas vezes reflete sua capacidade de cuidar de si mesma e de ser intencional com seus hábitos. Quando você é uma bruxa praticante, pode pensar na sua casa como um canal para o tipo de vida que deseja criar. Seu espaço é basicamente um altar para o tipo de pessoa que você gostaria de ser. Ela não tem que ser perfeita, mas é difícil fazer magia se você não tem um espaço para trabalhar, é difícil relaxar e dormir quando seu quarto é uma zona de desastre, e é difícil preparar alimentos nutritivos se você não tem nem pratos limpos.

A Criação do seu Ambiente Mágico

Você está se sentindo sobrecarregada? É sempre melhor dar um passo e cuidar de um cômodo por vez. Escolha um local da casa no qual você goste de ficar (ou talvez você precise dividir seu espaço com colegas de quarto, por isso tenha uma zona designada que é só sua). Pense sobre o que torna esse cômodo maravilhoso e por que ele a inspira e a faz se sentir alegre. Escreva se achar melhor!

Em seguida, pense sobre o que esse cômodo não tem de bom (pode ser o seu hábito de jogar a roupa suja numa cadeira em vez de enfiá-la no cesto, uma lâmpada muito fraca que não lhe permite ler na cama, aquele objeto de decoração de que você nunca gostou muito. Passe o tempo que quiser fazendo essa lista. Agora, escolha um item dessa lista (apenas um) e comprometa-se a resolvê-lo esta semana. Pegue aquele martelo (compre um se precisar, ele será útil!) e mãos à obra. Você ficará surpresa ao perceber como uma pequena melhora no seu ambiente pode afetar seu humor, mesmo que seja apenas dobrar aquela roupa suja que você largou na cadeira. Tudo que você faz com intenção é um pouco mágico, incluindo o que faz pela sua casa.

Questionário sobre o seu Espaço

Use estas perguntas para analisar seu espaço e deixe que as respostas a ajudem a criar um ambiente que estimule suas aspirações e inspirações. Direcione essas perguntas para toda a casa ou para um cômodo por vez, de modo que você possa avaliar o que precisa de um ajuste para ficar em sintonia com a sua energia (e o que pode precisar de uma total transformação). Fique de pé ou sente-se no cômodo que você está avaliando, para que possa ter uma visão melhor do ambiente. Também é uma boa ideia anotar suas respostas, pois você provavelmente será capaz de extrair projetos, inspiração e ideias dos resultados da sua pesquisa!

- ✶ Quantas horas por dia passo neste espaço?
- ✶ Que ajustes devo fazer neste espaço?

✶ Como me sinto neste momento sobre este espaço?
✶ Quais são as cores predominantes?
✶ Que papel este espaço desempenha no meu dia a dia ou na minha rotina semanal?
✶ O que eu quero sentir sobre mim e a minha vida quando estou neste espaço?
✶ Se eu pudesse mudar alguma coisa neste espaço, o que seria?
✶ O que eu mais gosto neste espaço?
✶ O que estou pronta para deixar ir embora deste espaço?

Sugestão de alguns espaços onde aplicar esse questionário:

✶ Cama
✶ Cozinha
✶ Sala de estar
✶ Banheiro

A Dedicação do Espaço para Você Fazer Magia

Uma das melhores maneiras de convidar sua intuição a orientá-la sobre o seu espaço é montar um altar. Você encontrará muito mais detalhes sobre a montagem de um altar nas páginas 44 e 45, mas comece reservando um cantinho mais reservado da casa, no qual você possa reunir itens significativos que pareçam poderosos para você. Esse espaço deve ficar fora da área de circulação, onde ele esteja a salvo de acidentes, mas acessível quando você quiser praticar meditação ou fazer trabalhos de magia. Uma estante, uma mesinha lateral ou uma prateleira servem. Você também pode montá-lo numa prateleira de um armário, para ter mais privacidade e protegê-lo de animais de estimação curiosos. Visite esse espaço com frequência; acenda uma vela quando estiver preocupada ou pensando em alguém que precise de boas energias. Mais importante ainda, mantenha seu altar limpo e bem cuidado, e sempre interaja com ele para manter a energia renovada e em circulação.

Algumas pessoas gostam de colocar itens naturais no altar, como uma oferenda às energias que ele representa. Se você incluir itens como flores recém-colhidas, ervas ou alimentos, certifique-se de trocá-los regularmente. Se você não gosta de viver no meio do mofo, que dirá o seu eu superior.

DECORE COM INTENÇÃO

As mesmas diretrizes que se aplicam à sua casa também se aplicam ao seu altar: mantê-lo limpo, arrumado e bonito é um presente que você dá a si mesma! Embora não existam regras rígidas quanto ao que faz você se sentir bem num ambiente, existem algumas diretrizes que você pode seguir para manter a sensação de que seu espaço é bem cuidado (e, consequentemente, você também).

Evite bloquear as passagens

Toda casa ou apartamento tem um fluxo de circulação. Quando chega em casa, onde você vai primeiro? Pendurar as chaves, tirar os sapatos ou tirar o casaco? Quando você vai da cozinha para a sala, que trajeto você faz? Ou quando sai da cama pela manhã, onde vai primeiro? Certifique-se de que esses caminhos estejam desobstruídos; não coloque móveis, pufes, objetos decorativos ou abajures onde você pode tropeçar neles. Deixe os pés (e a energia) fluírem de maneiras que pareçam mais intuitivas.

Perceba onde a bagunça tende a se acumular

Balcões de cozinha, mesas laterais, cadeiras e até cômodos inteiros podem se tornar depósitos de objetos que você usa muito (ou nunca usa). Se perceber que tem o hábito de jogar as chaves do carro sobre o balcão da cozinha, arranje um local só para elas. Ganchos, prateleiras e cestos podem se tornar espaços para conter a desordem, dando aos objetos um local designado ou tirando-os de vista. Se você decidir se desfazer de algumas coisas ou procura uma maneira inteligente de esconder a bagunça, enfrente essas pilhas de objetos examinando-os um por um, para ajudar a criar a sensação de que você está realmente disposta a moldar e cuidar do seu futuro eu.

Emoldure (e pendure) seus quadros

Não é preciso nenhuma magia para você perceber que há pelo menos uma fotografia que adora, um pôster ou uma tela na sua casa que está esquecida num canto, dentro de um tubo ou pregada com fita adesiva na parede. Se você pendura algo na parede, isso significa que quer celebrar essa imagem à qual dá valor ou acha bonita. Não a guarde no armário; traga-a para fora e deixe-a revigorar o seu espaço! Emoldurar e pendurar objetos pode não ser uma tarefa muito fácil, por isso uma boa opção é medir todas as peças e anotar as dimensões no seu celular. (Você também pode fazer uma lista de todos os objetos da casa que estão esperando seu momento de brilhar.) Da próxima vez em que estiver numa loja que vende objetos de decoração, você poderá

escolher uma ou mais molduras. Depois disso, você só vai precisar de um prego e um martelo. Pendure-as onde as possa ver e sorrir.

Abra espaço para o dia a dia

Se você precisa carregar seu celular toda noite, escolha um lugar e organize-o com um carregador e um prato ou uma base onde possa deixar o celular. Prenda na parede um gancho para pôr suas chaves e escolha um local designado para a sua carteira. Se você tem um animal de estimação, reserve um armário para guardar todas as coisas dele (melhor ainda se você pendurar a guia perto da porta e reservar uma pequena prateleira para a ração e os petiscos). Armazene remédios onde é mais provável que você os veja todos os dias e mantenha um copo ao lado deles, para que não tenha um motivo para não tomá-los. Deixe que a sua casa reforce os hábitos importantes da sua vida. Isso funciona ao contrário também: se você quer desenvolver um novo hábito, digamos uma prática de meditação matinal, dedique um espaço para ela onde você já passa algum tempo pela manhã e onde não vai se esquecer de cultivá-la (ou ignorá-la).

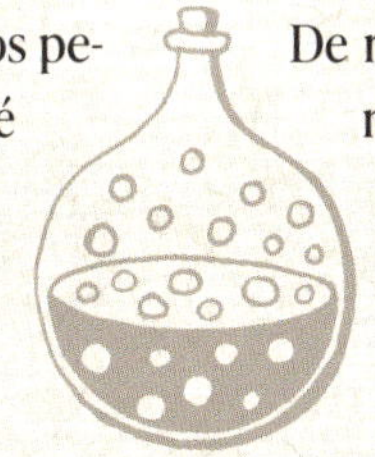

Termine o que você já começou

Quanto mais independente você for, mais o trabalho diário de cuidar de si mesma e do seu espaço pode lhe parecer excessivo. Concentre-se em fazer uma coisa por vez. Quando for a hora de lavar a louça, cumpra essa tarefa do começo ao fim, enxugando a pia e guardado a louça que já está seca. Quando a roupa lavada estiver se acumulando numa pilha, dedique uma tarde inteira para dobrá-la e guardá-la, ou passá-la a ferro se for o caso. Pode ser útil escolher um dia para determinadas tarefas, ou você pode dedicar um dia específico do fim de semana para uma maratona de tarefas. De qualquer maneira, faça ao seu eu futuro o favor de não deixar uma tarefa pela metade, para que ela não fique ocupando espaço no seu cérebro.

Um projeto por vez

Depois que você pega o ritmo, pode ser emocionante fazer melhorias na sua casa. De repente, você pode começar a pensar num milhão de coisas que pode fazer para torná-la mais acolhedora! Se tentar fazer toda limpeza e organização de uma só vez, ficará exausta e vai se sentir ainda mais desanimada.

Quando se trata de grandes projetos, o melhor é dividi-los em etapas. Mesmo num dia produtivo, se proponha a concluir só uma etapa por vez. Se fizer isso já está ótimo! Concluir uma etapa é um grande progresso. Trate todo o processo como uma forma de magia e leve o tempo que for necessário para criar um espaço que traga alegria a você.

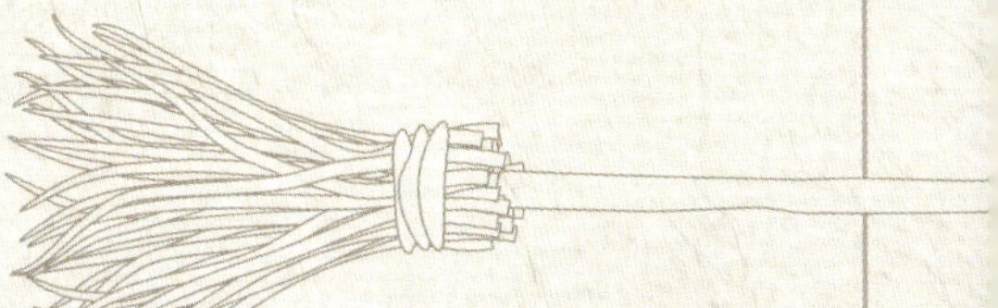

SEU ESPAÇO

Estabeleça Limites

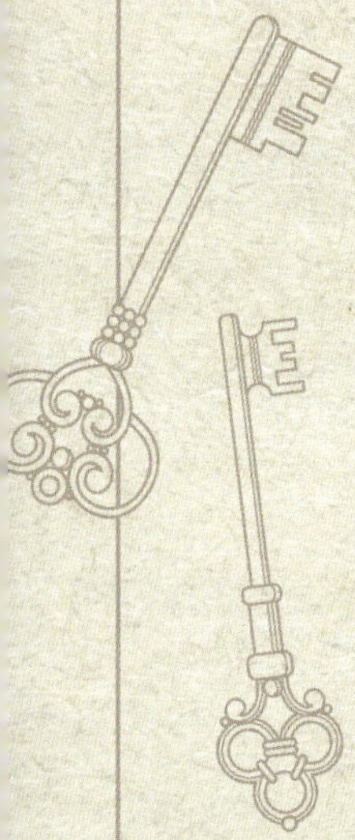

Você está no controle do espaço que ocupa e é você quem dita as regras. Se mora com outras pessoas, como uma colega de quarto ou um parceiro, ou tem um espaço só para você, não importa, há limites a serem definidos que a ajudarão a se sentir segura, protegida e confortável.

Alguns limites serão óbvios e evidentes. Você ou seus convidados usam sapatos em casa? Existem alimentos que não são permitidos por motivos de dieta ou alergia? Embora seja você quem decide com que rigor vai impor esses limites, faça o seu melhor para mantê-los quando estiver sozinha e quando outras pessoas forem convidadas a visitá-la ou compartilhem seu espaço. Se tem colegas de quarto ou um parceiro, conversem sobre esses limites. Talvez vocês precisem concordar em desligar a TV ou o computador depois de uma certa hora, para não incomodar quem já estiver dormindo e se incomode com a luminosidade.

Outros limites são mais pessoais e têm a ver com a sua energia. Talvez você prefira praticar magia longe das outras pessoas. Se assim for, manter as mãos e os olhos alheios longe do seu altar pode ser um limite importante para você.

Meditação para Restaurar Limites

Quando se sentir incomodada com os pensamentos, as expectativas e as atitudes das outras pessoas, use esta meditação de visualização rápida para ajudar a limpar o seu espaço mental, de modo que você possa se concentrar no físico.

1 Respire fundo. Segure o ar e conte até dois. Expire o máximo que puder, eliminando todo o ar dos pulmões.

2 Na segunda vez que respirar, inspire e segure o ar, enquanto conta até três. Prenda a respiração enquanto conta até dois. Expire contando até quatro.

3 Continue esse padrão de respiração e visualize uma luz suave em torno da sua cabeça, como um halo.

4 Pense nas pessoas com quem falou ou interagiu nas últimas horas ou dias. Imagine cada uma dessas pessoas ligada a você por um raio fino e tênue de luz, levando você na cabeça e para o mundo onde quer que estejam, prendendo você a elas.

5 Suavemente, e com muita gentileza e ternura, corte esse fio. Você pode cortar um fio por vez, imaginando que faz isso com uma tesoura, ou pode imaginar que tem uma vassoura na mão e está varrendo muitas teias de aranha de uma só vez.

6 Ainda mantendo a respiração cadenciada, imagine seu halo de luz agora livre de todos os fios.

7 Quando estiver pronta, imagine a luz recolhendo-se no topo da sua cabeça e depois preenchendo você com uma luz clara e brilhante, que a deixa repleta de energia.

8 Quando se sentir preenchida pela luz, respire algumas vezes e depois abra os olhos. Sacuda o corpo se quiser. Deixe seu corpo ser livre, agora que recuperou seu espaço, sem se sentir invadida por outras pessoas!

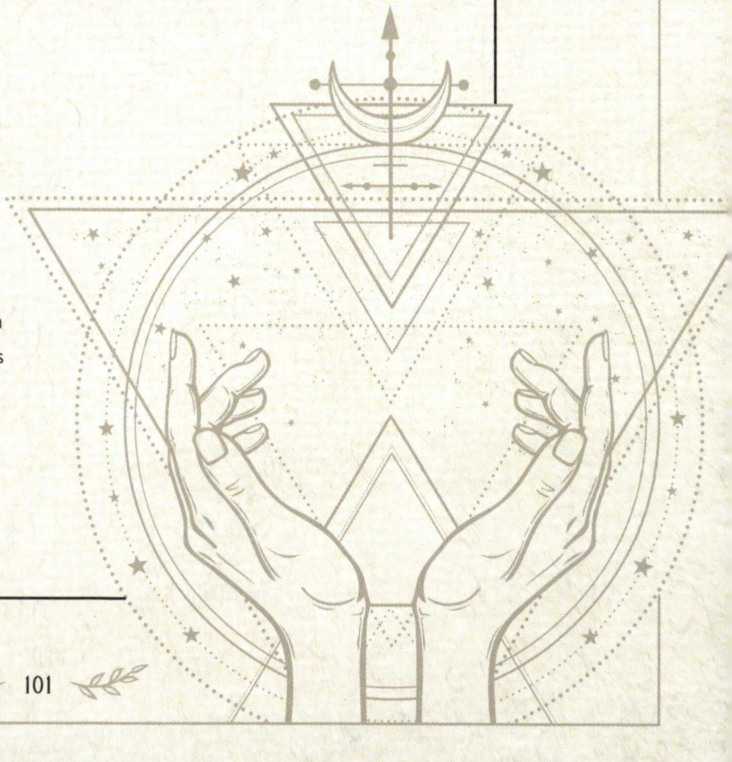

Pratique a Magia das Cores

As cores podem ter significados fixos, mas também têm muito a ver com a sua psicologia. Isso significa que os seus sentimentos sobre cada cor definirão seu relacionamento com elas, mesmo que elas tenham associações "tradicionais". Outros fatores que podem moldar sua relação com uma cor são: seu contexto cultural, suas experiências emocionais mais poderosas (incluindo alegrias intensas ou traumas profundos), os espaços que você ocupou anteriormente e suas cores, e as tendências cromáticas atuais em seu país e no universo cultural mais amplo. Até mesmo uma peça de joalheria ou de roupa que você estime, especialmente se for uma herança, pode moldar seu relacionamento com as cores. Use a lista a seguir como guia; ela segue as diretrizes da magia das velas e de outras práticas mágicas. Preste atenção às dicas da sua própria intuição com relação a uma cor e ajuste seu espaço e suas práticas com intenção para criar espaços benéficos e intencionais que nutram o seu espírito e o seu coração.

O BÁSICO SOBRE A MAGIA DAS CORES

As correspondências cromáticas a seguir são baseadas nos efeitos que as cores têm sobre o seu sistema nervoso, mas, como sempre, deixe seu relacionamento pessoal com uma determinada cor guiá-la tanto quanto qualquer "regra" a respeito das cores.

VERMELHO
Paixão, atenção, limites, excitação, impacto, sexo, poder, motivação, inspiração, ação

LARANJA
Estimulação, energia, alegria, vitalidade, confiança, humor, fartura, calor

AMARELO
Alegria, concentração, charme, prazer, conforto, otimismo, imaginação, criatividade, aprendizagem

VERDE
Sorte, vivacidade, calma, paz, crescimento, rejuvenescimento, cura, natureza, abundância, movimento

AZUL
Contemplação, tranquilidade, compreensão, paciência, comunicação, restauração, frescor

ROXO
Sabedoria, luxo, espiritualidade, intuição, dignidade, criatividade, descanso, proteção

MARROM
Terra, aterramento, estabilidade, neutralidade, simplicidade, confiabilidade, gravidade

PRETO
Negação, limites, proteção, exclusividade, tradição, foco, sofisticação, elegância

BRANCO
Pureza, clareza, cura, paz, abertura, quietude, saúde, consciência

Limpe o seu Espaço

Casa limpa, mente limpa. Nem sempre é tão simples assim, mas sempre que sua casa está de pernas para o ar, sua vida parece estar nas mesmas condições. Pode ser um ciclo vicioso: acumule tarefas nas épocas mais estressantes e ocupadas, e a bagunça se torna tão grande que parece impossível colocar tudo em ordem. Você pode tentar ignorá-la e se concentrar em outra coisa, mas a roupa suja ou a pilha de pratos na pia ou o que quer que esteja fora do lugar ocupa um espaço valioso na sua mente, que você preferia usar para se concentrar. Uma maneira de romper esse ciclo é criar rituais de limpeza que farão você se sentir bem, em vez de sobrecarregada.

Você já sabe que a intenção é tudo, mas até a limpeza pode ser uma espécie de magia. Afinal, a limpeza energética é apenas mais uma das funções de uma faxina. Então, por que a limpeza física, literal, não poderia ser também um feitiço?

MANEIRAS DE TRANSFORMAR AS TAREFAS DO DIA A DIA EM RITUAIS

- **Defina um dia e/ou hora específicos** para fazer uma limpeza toda semana.
- **Concentre-se em eliminar** não apenas a desordem, mas também a energia estagnada.
- **Abra uma janela enquanto limpa**, para deixar a energia circular e arejar o ambiente.
- **Defina as intenções** do seu espaço e como quer que sua tarefa faça você se sentir, antes de começar.
- **Acenda uma vela específica** toda vez que for cumprir suas tarefas e a mantenha acesa até você terminar.
- **Faça uma *playlist* para sua faxina ritual** e a ouça toda vez que começar sua limpeza.
- **Tome uma ducha** ou um banho de banheira ritual depois da faxina, para renovar a sua energia pessoal também.
- **Reserve um tempo livre** para usufruir do seu espaço depois da faxina, fique em silêncio e descanse.
- **Crie um painel com imagens** mostrando como você quer que sua casa pareça. Imprima essas imagens e coloque-as sobre um altar.

Checklist PARA O DIA EM QUE FOR FAZER FAXINA

1 COLOQUE UMA MÚSICA PARA TOCAR ou um audiolivro ou um *podcast*, para mantê-la em movimento e motivada enquanto limpa.

2 COMECE A ARRUMAR UM CÔMODO, TIRANDO DALI TUDO QUE PERTENÇA A OUTROS CÔMODOS. Desfaça qualquer pilha. Classifique e leve tudo para o cômodo certo. (Não se estresse pensando em onde vai guardar esses itens depois.)

3 QUANDO TUDO ESTIVER NO CÔMODO CERTO, ARRUME A SALA DE ESTAR. Afofe almofadas, endireite os móveis, dobre mantas de sofá e arrume todas as superfícies que você não arrumou na etapa 2. Pendure todos os casacos e guarde todos os calçados que estiverem fora do lugar. Tire o pó de todas as superfícies.

4 VÁ PARA O QUARTO. Coloque as roupas no cesto de roupa suja ou nos armários. Faça a cama. Arrume todas as superfícies. Descarte copos com água. Esvazie as lixeiras.

5 ENFRENTE A COZINHA. Lave a louça, ou ligue a lava-louças, se tiver uma; limpe o balcão da pia e outras superfícies. Guarde quaisquer utensílios ou alimentos que esteja sobre os balcões. Limpe o fogão, dentro do micro-ondas e a frente de quaisquer utensílios.

6 ENCHA A BANHEIRA COM ÁGUA MORNA E ADICIONE UM ALVEJANTE. Deixe o alvejante agir enquanto você limpa as torneiras, pias, balcões e vaso sanitário com desinfetante. Limpe o espelho e as maçanetas. Tire a água da banheira e limpe a área em volta.

7 DEPOIS DE LIMPAR ESSES CÔMODOS, ASPIRE TODOS OS TAPETES. Passe um pano em qualquer área de muita circulação, especialmente onde as pessoas pisem com sapatos ou possa ter caído alimentos.

8 BÔNUS: Lave a roupa suja. Limpe sua escrivaninha. Jogue fora as sobras da geladeira.

9 TOME UM DUCHA E TIRE UM COCHILO. Você merece!

Feitiços para a Limpeza de Espaços

Você pode infundir magia e intenção em qualquer prática, mesmo quando está empunhando a vassoura ou o esfregão. Existem vários tipos de limpeza na magia: a física, a emocional e a energética. Cada uma delas tem seus próprios rituais, suas práticas e suas considerações. Juntos, eles podem fazer com que um espaço pareça totalmente diferente.

Pense sobre o que você espera limpar no seu espaço: ele parece sujo ou é você que está guardando sentimentos negativos com relação a esse espaço? Talvez ele apenas pareça pesado, como se seus antigos ocupantes tivessem deixado para trás uma pilha de móveis invisíveis. O conjunto de feitiços a seguir oferece uma estrutura para você limpar diferentes aspectos do seu espaço, de modo que possa recuperá-lo e torná-lo só seu. Às vezes, tudo que você precisa limpar é uma versão mais antiga de si mesma; seja gentil, seja bondosa, mas seja firme. Seu espaço deve ser acolhedor para quem você é agora, neste momento.

MAGIA DE PURIFICAÇÃO

Faxina Física

MATERIAIS

Esta receita produz em torno de 400 ml de um limpador de uso geral

- 30 ml de sabão de castela (à base de azeite de oliva)
- 30 ml de álcool
- ½ colher de chá de bicarbonato de sódio
- Água

Sugestões de óleos essenciais:

- Limão
- Hortelã-pimenta
- Lavanda
- Eucalipto

1 Misture o sabão, o álcool e o bicarbonato de sódio num borrifador e complete com água.

2 Adicione os óleos essenciais da sua escolha – os que a deixam feliz! Personalize o seu aroma de acordo com suas intenções e como você deseja que o espaço a faça se sentir. Pense nisso intencionalmente ao combinar os ingredientes.

3 Use essa mistura em qualquer superfície não porosa (evite pedras e superfícies macias). Imagine-se limpando não apenas a sujeira, mas qualquer energia residual impregnada nessas superfícies.

4 Faça seu espaço brilhar!

Faxina Emocional

MATERIAIS

- Uma vela branca ou preta
- Papel e caneta
- Um prato ou bandeja refratária

1 Sentada diante de uma mesa ou superfície plana, acenda a vela à sua frente.

2 Pegue o papel e a caneta e escreva tudo o que sentir no espaço. Está tudo bem se essa for apenas uma lista de emoções e imagens, mas seja tão específica e detalhista quanto possível. Escreva tudo que você quer eliminar do seu espaço físico e emocional.

3 Quando terminar, dobre ou enrole o papel até que ele se encaixe no prato refratário.

4 Com a chama da vela, coloque fogo nas bordas do papel. Deixe o fogo queimá-lo e coloque-o no prato para terminar de queimar.

5 Se necessário, abra uma janela para evitar que a fumaça e as cinzas se acumulem no ar ao seu redor.

6 Quando o papel terminar de queimar, leve as cinzas para fora e descarte-as. O ideal é que você faça isso numa encruzilhada, mas a esquina de uma rua, um local mais isolado de um parque ou outro lugar longe da sua casa também servem.

Faxina Energética

MATERIAIS

Qualquer um destes:

- Chocalho ou outro instrumento que produza um som claro, com uma ressonância física
- Uma música que você aprecie e lhe traga alegria e a revigore
- Um sino
- Uma tigela cantante
- Um diapasão

1 Sente-se e coloque o objeto ressonante à sua frente. Se você tiver a intenção de colocar uma música, prepare o aparelho, mas não pressione o *play* ainda.

2 Faça algumas respirações lentas e profundas. Centralize sua respiração consciente em seu peito, sentindo seu corpo se mover com a respiração.

3 Toque o sino, balance o chocalho ou aperte o *play*. Deixe o som preencher o seu espaço e o seu corpo. Concentre-se em como ele ressoa e deixe-o vibrar através de você e do seu espaço.

4 *Opcional*: se você estiver tocando música, não se sinta tímida – levante-se e dance se sentir vontade! Recupere o seu espaço com o seu corpo e deixe que ele preencha o cômodo com a música.

5 Quando o som enfraquecer ou a música terminar, respire fundo mais algumas vezes. Alongue-se e ocupe o seu espaço.

Magia na Cozinha com Ervas

Uma das melhores maneiras e mais acessíveis de fazer magia envolve a sua despensa e a sua cozinha. Embora você possa estar acostumada a usar ervas para dar sabor à comida, as plantas podem ser poderosas aliadas nas práticas mágicas e de autocuidado da bruxa. É provável que você já tenha alguns recursos realmente mágicos em seu armário, apenas esperando sua intenção para ativá-los. Coloque a chaleira no fogo e comece a lançar feitiços!

SEU LIVRO DE RECEITAS É UM LIVRO DE FEITIÇOS

Às vezes, nada é mais capaz de revigorar um corpo cansado ou um coração partido do que uma boa refeição (ou um litro de sorvete). Cada um de nós tem uma comida ou sabor favorito que nos faz sentir confortáveis, acolhidas e em paz. Não é apenas uma coincidência ou condicionamento; as mesmas substâncias químicas que produzem sabores na língua podem disparar novos neurotransmissores, acalmar o sistema nervoso ou desencadear uma cascata de endorfinas úteis para melhorar o seu humor. E, embora aquela bola de sorvete de creme gelada não se qualifique como medicamento, sua geladeira e seus armários estão cheios de magia esperando para acontecer.

O VALOR DA ALIMENTAÇÃO NUTRITIVA

Pode ser um velho clichê, mas é verdade: às vezes, quando você está se sentindo triste ou com raiva, tudo de que realmente precisa é de um lanchinho. Com nosso dia a dia ocupado, é fácil pular refeições ou interpretar mal os sinais de corpo, confundindo tédio com fome e fome com estresse e aborrecimento. Costumamos preferir o que tem gosto bom, o que é fácil ou o que proporciona uma dose de energia rapidamente em vez de alimentos que nutrem de fato nosso corpo. Escolhendo os alimentos intencionalmente, você pode preparar uma refeição repleta de alimentos nutritivos e saborosos, que ajudam seu corpo a cuidar de si mesmo no longo prazo. Planejar como você vai se alimentar é um tipo de magia.

Nem todo mundo adora comer, e tudo bem. A comida é basicamente um conjunto de componentes que, junto com o tempo, a intenção e a prática, cumprem uma determinada tarefa que tem impacto de curto e longo prazos. E essa é exatamente a definição de um feitiço! Mesmo que não seja uma pessoa que goste de ver livros de receitas e experimentar pratos novos na cozinha, você pode ser uma praticante de magia de cozinha que cuida bem de si mesma. Concentre-se nos "feitiços de cozinha" ou nas receitas que são fáceis e saborosas e limite-se ao que funciona. Ninguém pode impedir você de lançar os mesmos cinco ou seis feitiços de nutrição um atrás do outro – apenas certifique-se de que eles incluem proteína, vegetais e carboidratos suficientes para manter seu estômago e seu corpo felizes. E adicione algumas guloseimas para aplacar o seu desejo por doces.

Se você adora cozinhar, usar as receitas como feitiços é uma ideia maravilhosa para explorar o mundo da Bruxaria na cozinha. Você pode consagrar ingredientes da sua receita no seu altar, investigar ingredientes novos ou exóticos com valor medicinal em receitas comprovadas e usar sua imaginação para criar variações infinitas. Assim como em outros feitiços, o que você tem nas mãos ou o que está de acordo com a sua intuição deve guiar a sua jornada. Use sua prática culinária para cultivar a alegria, acalmar seu coração e se entregar à magia.

ALIMENTE-SE E ALIMENTE SUA COMUNIDADE

Uma das melhores coisas da comida é que ela pode ser saboreada em grupo. Embora uma única tigela com alimentos saborosos possa ser perfeitamente nutritiva para o corpo, um punhado de tigelas sobre uma mesa compartilhada com amigos e familiares também pode ajudar a nutrir o seu espírito. Se a comida lhe traz alegria, você pode usá-la para compartilhar essa alegria com outras pessoas. Alimentar a sua família é um debute maravilhoso na magia, que muitas pessoas consideram totalmente gratificante. Se você tem sonhos mais ambiciosos e prefere lançar feitiços de cozinha de um modo mais amplo, considere a possibilidade de oferecer os seus préstimos e seus mantimentos a uma cozinha comunitária ou a um grupo que ofereça um sopão a moradores de rua. Essa não é apenas uma maneira maravilhosa de retribuir tudo que você recebe da sua comunidade, mas também uma forma produtiva de usar suas habilidades pelo bem de outras pessoas. Embora geralmente associemos práticas de cuidado pessoal com tempo a sós e atividades que nos revigorem, as práticas de cuidado comunitário também podem recarregar nossas baterias, dar um propósito à nossa vida e nos proporcionar uma rede de apoio com a qual contar. Você não precisa se isolar para cuidar de si mesma e nutrir seu corpo e seu espírito.

Jardinagem como uma Prática de Autocuidado

Embora nem todo mundo goste de cavar a terra, cuidar das plantas pode ser uma prática meditativa que ajude você a se conectar com a terra, desenvolver hábitos diários de cuidado consigo mesma e proporcionar uma imensa satisfação. Não importa onde more, você provavelmente tem uma janela ou prateleira ensolarada que possa acomodar uma ou duas plantas. Você não precisa ser uma especialista para fazer amizade com algumas plantas, nem de uma enorme horta ou um bosque no quintal. Busque plantas mais fáceis, próprias para iniciantes e que não se importam em viver num canto com pouca luz e ficam felizes se forem regadas uma vez por semana. Cultivar plantas é muito mais simples do que você pensa!

O valor de cuidar das plantas como um ritual de autocuidado

Além de oferecer uma decoração excelente, as plantas e o ato de cuidar delas aprofundam a nossa relação com a terra, com suas estações e com seus ciclos de crescimento. Essa é uma importante conexão para se manter, especialmente pelo fato de muitos de nós vivermos em

lugares sem acesso a espaços ao ar livre e próximos da natureza. O ato de cultivar uma única planta já nos dá uma visão do mundo dos seres não humanos, independentes e ainda assim muito dependentes de você, para receber alguns cuidados.

Deixe que as plantas entrem na sua vida e tenha uma oportunidade de criar um ritual de conexão. Reserve um ou alguns dias da semana para passar uma horinha regando suas amigas plantas e trate essa atividade como uma forma de meditação ativa. Observe como sua planta muda e cresce, quando ela lança folhas novas ou começa a murchar. Trate isso como uma relação real de dar e receber; afinal, sua respiração alimenta a planta e a respiração da planta a ajuda a respirar também. Assim como você dedica tempo todos os dias para se hidratar, comer e descansar, observe suas plantas fazendo o mesmo em parceria com você.

Existem plantas de todas as formas e tamanhos, mas se você quiser mais praticidade, pode comprar um vaso de ervas na loja de plantas do seu bairro. Você pode até mesmo tentar plantar as sementes, se tiver paciência. E até aquelas menos pacientes entre nós podem pegar um atalho e colocar as hortaliças compradas no supermercado num copo de água, para que criem raízes. No peitoril da janela, alecrim, manjericão, cebolinha e salsa vão criar raízes rapidamente, se você mantiver as pontas dos caules sem folhas e suspensos na água.

Ervas culinárias de fácil plantio para você cultivar em qualquer espaço

- Hortelã
- Manjericão
- Cebolinha
- Cebolinha-francesa
- Alecrim
- Salsa
- Sálvia
- Manjerona
- Orégano
- Tomilho
- Capim-limão
- Endro

Aliadas do Reino Vegetal na Prateleira do Supermercado

Você ficaria surpreso se soubesse quanta magia está esperando por você no supermercado do seu bairro. Se você não tem espaço para cultivar ervas em casa (ou se ainda não se sente apta), isso não significa que não possa se tornar uma bruxa de cozinha para cuidar melhor do seu corpo. Comece com as ervas e temperos que você já tem no seu armário de cozinha e pense em maneiras de usá-las com mais frequência nas suas refeições. Uma maneira fácil de adicionar mais ervas à sua prática é trocar por uma xícara de chá uma ou duas das muitas xícaras de café que você talvez consuma ao longo do expediente de trabalho. Existem muitos chás, ervas culinárias e especiarias esperando para ajudá-la a fazer magia, e essa é a melhor maneira de começar.

Você também pode experimentar fazer tinturas, que são destilações de alta concentração de uma erva específica, integrando cada uma delas lentamente, uma erva por vez. Compre as ervas de um produtor confiável ou numa loja de produtos naturais e siga as recomendações de especialistas, para que possam ajudá-la a navegar nesse novo mundo. As ervas são poderosas; é melhor usar uma nova erva por vez e aprender sobre ela, do que usar várias de uma vez. Se experimentar uma erva por vez terá mais condições de avaliar seu impacto e cultivar um relacionamento com esse valioso ingrediente mágico.

ESPECIARIAS E TEMPEROS SÃO SEUS ALIADOS

Você provavelmente já conhece essas ervas e temperos; pode até já tê-los na sua cozinha agora. Mas não é porque já os conhece que sabe o quanto são poderosos! Cada uma dessas ervas tem suas próprias correspondências úteis, que você pode usar para orientar seu uso na culinária:

- **Gengibre:** Usado fresco, desidratado ou em pó, esta raiz é um ótimo recurso para ajudar na digestão, reduzir náuseas e combater a fadiga. Também é bom para o sistema imunológico e pode ajudar a combater inflamações de todos os tipos.

- **Cravo-da-índia:** Encontrado tanto inteiro quanto moído, o cravo ajuda a estabilizar o açúcar no sangue e tem propriedades antimicrobianas que o levam a ser usado como um tratamento natural para os dentes.

- **Orégano:** Com propriedades anti-inflamatórias e antibacterianas, o orégano fresco pode ser usado para fazer chá, além de ser muito apreciado nas massas e carnes. Também é ótimo para melhorar a saúde intestinal, facilitando a digestão e reduzindo o inchaço do abdômen.

- **Sálvia:** Esta erva é muito usada em feitiços e na culinária; é útil para melhorar a concentração e proporciona uma injeção de ânimo. Suas poderosas propriedades antioxidantes podem melhorar a imunidade.

- **Alecrim**: Com um aroma poderoso e sabor forte e resinoso, esta erva está relacionada à sálvia e compartilha muitas das suas propriedades medicinais, especificamente a capacidade de melhorar a imunidade e aguçar o foco. Mas ela também pode diminuir a dor de cabeça e as náuseas, além de reduzir a ansiedade.

- **Cúrcuma**: Uma erva poderosa da culinária do sul da Ásia, este rizoma está relacionado ao gengibre e é uma ótima escolha quando se trata de fortalecer o sistema imunológico, reduzir a inflamação e melhorar a pele.

- **Canela:** por ser uma das especiarias mais comuns do mundo, é fácil esquecer que a canela é poderosa. Mas essa casca é uma aliada herbórea incrível, que estabiliza o açúcar no sangue, estimula o apetite e a digestão, e pode fortalecer o sistema imunológico também.

CHÁS E TINTURAS PARA A SUA SAÚDE

O chá é uma das maneiras mais fáceis de adicionar ervas às suas práticas de cuidados pessoais. Ele já pode ser comprado em porções, pode ser adoçado e é fácil de fazer (tudo que você precisa é de uma chaleira com água quente e uma xícara ou caneca). As mesmas ervas que podem ser usadas em forma de chá também podem ser compradas na forma de tinturas superconcentradas, que são adicionadas em gotas às bebidas ou tomadas diretamente, mas é provável que seja mais difícil encontrá-las nas prateleiras dos supermercados. Comece com os chás, e, se você encontrar um aliado herbóreo que queira explorar mais, considere outras maneiras de incorporá-lo à sua prática.

- ✶ **Menta**: Popular na forma de chá e usada para aromatizar tudo, desde purificadores de hálito até cremes para os pés, esta erva é bem conhecida por revigorar e aumentar o estado de alerta, mas também é uma cura poderosa para desconfortos estomacais e náusea. Seu perfume também é conhecido por ajudar a aliviar a enxaqueca, a ansiedade e a dor.

- ✶ **Lavanda:** Conhecida principalmente pela sua fragrância, esta erva também pode fazer um chá calmante, que reduz a ansiedade e facilita o sono profundo. Além disso, é rica em antioxidantes e pode ajudar a acalmar a inflamação cutânea.

- ✶ **Camomila:** Talvez a erva mais famosa pelos seus benefícios para o sono, a camomila pode ajudar a baixar a pressão arterial, aliviar a ansiedade e os distúrbios do sono. Também é um reforço imunológico útil e ótimo para complementar outros preparados à base de ervas.

ERVAS PARA O CORPO E A MENTE

Embora essas ervas possam ser menos comuns no supermercado, geralmente podem ser encontradas nas lojas de produtos naturais. Também podem ser compradas em forma de chás e usadas especificamente para fortalecer a imunidade e promover o bem-estar emocional.

✶ **Erva-cidreira:** Usada para combater o estresse e a ansiedade, esta erva pode ajudar a melhorar o estado de alerta, aliviar a insônia e melhorar o sistema digestório. Tenha sempre essa erva em casa para tratar náuseas, cólicas e leves dores de cabeça, na forma de chá ou de óleo essencial, ou para borrifar na casa.

✶ **Equinácea:** Carregada de antioxidantes, esta erva é um fortificante imunológico comum, que pode ser encontrado em pastilhas para tosse e em chás. É usada para tratar os sintomas do resfriado comum e é uma ótima opção para o chá, se você está se sentindo indisposta.

✶ **Erva-de-são-joão:** Esta erva é normalmente recomendada para fortalecer a saúde mental e pode ser usada, sob a orientação de um médico ou fitoterapeuta, para tratar a depressão leve. É uma erva poderosa que merece ser tratada com respeito, então não a use no dia a dia sem pesquisar a respeito das suas propriedades.

CONSULTE PROFISSIONAIS PARA SABER COMO MISTURAR ERVAS E MEDICAMENTOS

As propriedades medicinais das ervas não agem apenas no nível energético; as substâncias que dão às ervas seu poder são tão tangíveis quanto os comprimidos da sua caixa de remédios. Tenha cuidado ao experimentar novas ervas, especialmente se elas forem desconhecidas ou usadas mais para fins medicinais do que pelo seu sabor.

Se você já faz uso de medicamentos ou de suprimentos vitamínicos, consulte seu médico ou farmacêutico de confiança antes de experimentar algo novo. Certifique-se de que a combinação dos seus medicamentos ou vitaminas com as novas práticas à base de ervas não causará efeitos colaterais inesperados.

Não sabe como abordar esse assunto com seu médico? Faça uma pequena pesquisa por conta própria e vá à sua consulta já sabendo o nome das ervas que pretende usar, seus métodos de uso e a razão para querer usá-las. Pergunte sobre os potenciais efeitos dessas ervas e converse com seu médico, sabendo que ele talvez precise fazer uma pesquisa também. Um pouco de conhecimento mais aprofundado pode ajudar muito!

5

CONECTE-SE COM A SUA COMUNIDADE

Covens & Familiares

Este capítulo coloca suas práticas de cuidados pessoais no contexto da densa teia de amor, conexão, comprometimento, alegria e solidariedade que brota de cada ação que empreendemos. Sem uma comunidade e o compromisso de cuidar de nós mesmas para que possamos cuidar uns dos outros, os cuidados pessoais são simplesmente outra maneira de se desligar do mundo. Você não pode ser ativa todos os dias da semana e em todas as áreas da sua vida, mas muitas pessoas trabalharam para que o mundo fosse melhor para você, quando você nasceu. Seu autocuidado também é um passo para honrar esse trabalho e encontrar um propósito significativo para si mesma.

A Formação de uma Rede de Apoio

O autocuidado evoluiu e se tornou uma forma de apoiar o cuidado comunitário. O conceito de autocuidado foi popularizado por grupos de direitos civis e de justiça social nas décadas de 1960 e 1970. Ele se referia particularmente a pessoas em funções de cuidadoras, especificamente mulheres menos favorecidas, a maioria pretas, para priorizar o autocuidado em uma sociedade que via as necessidades e cuidados dessas mulheres como subservientes às necessidades dos outros. Esses grupos radicais reconheciam que não podemos ajudar ninguém se não ajudarmos primeiro a nós mesmas. Cuidar de si mesma pode ser um ato de solidariedade e compromisso com o crescimento de longo prazo. Ninguém pode mudar o mundo ou ajudar os outros se estiver esgotado, maltratado ou tão estressado a ponto de esses sentimentos normais quando ocorridos ocasionalmente passarem a dominar a sua vida.

Podemos nos sentir solitárias e isoladas se estivermos sobrecarregadas e oprimidas. Podemos perder o contato com nossos entes queridos porque nossa vida está muito ocupada ou porque evitamos encontrar amigos queridos se já se passou muito tempo desde a última vez que falamos com eles. Talvez você tenha se mudado de cidade e nunca tenha encontrado uma oportunidade de fazer novos amigos ou seu horário de trabalho seja diferente do horário das pessoas com que deseja se conectar.

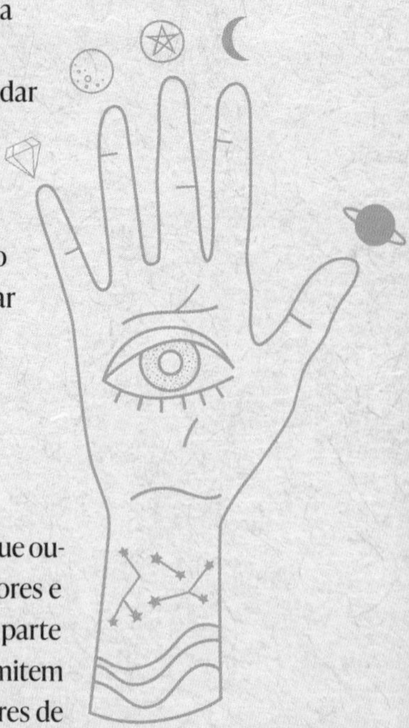

Manter relacionamentos é uma parte difícil, mas importante para cuidar de si mesma. Os seres humanos não foram feitos para viver isolados! Seu cérebro anseia pelas substâncias químicas liberadas pela interação social, pelo entusiasmo das outras pessoas e pela empolgação de explorar coisas novas com elas. Se você está sentindo falta da conexão que a mantém ligada ao mundo, é hora de pensar seriamente em cultivar relacionamentos com pessoas que apoiem você.

EM DÍVIDA COM A COMUNIDADE

Você ocupa seu lugar no mundo por causa do trabalho maravilhoso com que outras pessoas contribuíram para a sua vida. Professores, sua família, mentores e amigos colaboraram para o seu crescimento, mesmo que não façam mais parte ativa da sua vida agora. Menos visíveis, talvez, são as pessoas que lhe permitem viver bem, mesmo que você não esteja consciente delas: carteiros; coletores de

lixo; médicos; balconistas ou vendedores invisíveis da internet, que embalam a compra que você faz por impulso. Todas essas pessoas também fazem parte da sua comunidade.

A COMUNIDADE É UMA VIA DE MÃO DUPLA

Como você pode cuidar de tantas pessoas ao seu redor? Comece sendo cuidadosa, amigável e respeitosa. Facilitar a vida das pessoas ao seu redor quando está na sua casa já é um ato de cuidado, mesmo que pareça mínimo. É como ter colegas de quarto: lavar a louça, guardar a roupa passada e manter a casa limpa é uma parte necessária de uma convivência respeitosa num espaço compartilhado. Ser amigável, mas também respeitar os limites das outras pessoas e ser tolerante com os erros delas são atitudes que ajudam a criar um ambiente mais harmonioso e um mundo mais solidário aonde quer que você vá – e que beneficia você também!

Como Identificar o seu Coven

Pode ser um desafio identificar e fazer novos amigos na idade adulta. À medida que crescemos, por mais próximos que nossos amigos de infância ou juventude sejam, a vida nos leva a seguir caminhos diferentes. Às vezes, estamos separados pela distância e pelas circunstâncias, novas prioridades ou novos relacionamentos. Empregos e compromissos nos mantêm distraídos e afastados desses amigos, enquanto nos concentramos no que parece essencial.

QUATRO MANEIRAS DE ENCONTRAR A SUA TRIBO

Está com dificuldade para se conectar com pessoas novas? Existem muitas maneiras de você encontrar a sua tribo, mas isso exige um pouco de esforço e empenho. Nem tudo vai se ajustar ao que você procura; nem toda pessoa ou comunidade vai lhe parecer atraente à primeira vista. Não tenha medo de experimentar muitas abordagens e continuar tentando até encontrar uma que lhe agrade. Sua persistência será recompensada e tudo o que você precisa é uma ou duas ótimas conexões para começar a construir seu próprio coven, composto de pessoas que pensam como você.

1 Mídias Sociais

As plataformas de mídia social podem parecer gigantescas e poderosas. Elas têm tanto conteúdo, criado constantemente, e tantas microcomunidades diferentes já se apoiando mutuamente! Mas com *hashtags*, estruturas pesquisáveis e diferentes formatos disponíveis (para não mencionar a profusão de plataformas!), elas são um ótimo lugar para você começar a procurar seu coven. Embora a mídia social tenha a reputação de ser muito superficial, é possível formar relacionamentos maravilhosos e significativos através das redes sociais. Comece pequeno: pesquise um passatempo que você goste ou algo sobre o qual queira aprender mais. Procure pessoas que apreciam o mesmo que você. Seja receptiva e respeitosa ao interagir com elas. Com uma convivência regular, você será capaz de desenvolver relacionamentos mútuos; no entanto, não se sinta obrigada a seguir uma pessoa ou interagir com ela, se não sentir vontade.

2 A Sua Loja de Suprimentos Mágicos

Neste caso, não se trata de uma loja que vende produtos para truques de mágica e ilusionismo, é claro, estamos falando de produtos usados em feitiços. Procure uma loja no seu bairro ou cidade que celebre a parte da Bruxaria que mais a inspira. Quer se trate de fitoterapia ou cristais, feitiços ou círculos lunares, é provável que haja algum lugar perto de você que seja frequentado por praticantes de magia. Se você ainda não encontrou um, comece procurando um estúdio de yoga do seu bairro que ofereça meditação. Você pode encontrar na internet ou uma revista ou jornal do bairro, se estiver com dificuldade para encontrar um desses lugares.

3 Comunidade Digital

Se a mídia social lhe parecer ampla demais, pode ser hora de procurar grupos mais especializados. Felizmente, com a internet, você pode participar de aulas e *workshops* oferecidos *on-line*, e lojas de ocultismo e esoterismo e comunidades especializadas de qualquer lugar do mundo. Se tem em mente alguém que respeita, pesquise no Google quem escreve seus horóscopos favoritos ou encontre lojas que vendam seus chás de ervas favoritas. Siga sua curiosidade e procure pessoas que estejam criando comunidades que você admira. Então participe!

4 Encontre Sua Causa

Pode ser difícil encontrar pessoas que compartilhem todas as suas convicções, mas às vezes a melhor maneira de descobrir pessoas com ideias semelhantes é se concentrar em uma única questão. Se houver algo pelo qual você é apaixonada, algo que seja menos um *hobby* e mais uma maneira de melhorar o mundo, você pode se conectar com pessoas que compartilham dessas suas convicções. Se existe algo pelo qual você sinta paixão, procure por organizações ou grupos da sua cidade que trabalhem para criar o tipo de mundo em que você quer viver. Seja para ajuda mútua, um mundo com mais igualdade ou uma mudança sistêmica, pode ter certeza de que algumas pessoas já estão se reunindo para discutir sobre isso. Use essa mobilização a seu favor! Se não conseguiu encontrar um grupo na sua cidade, procure uma organização de âmbito nacional e entre em contato para saber se pode recomendar maneiras de se conectar presencialmente ou contribuir pela internet.

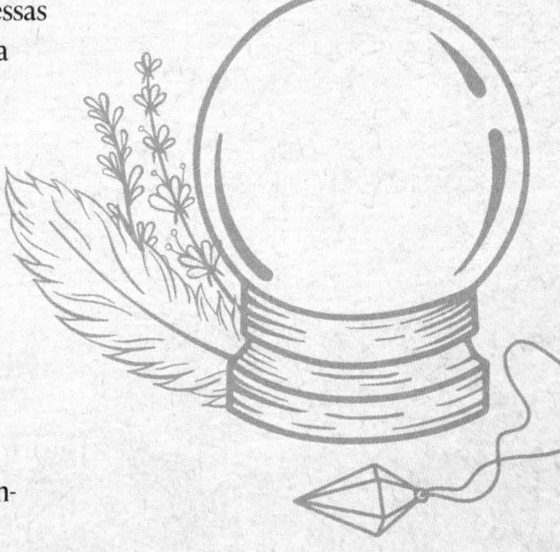

Apoio ao seu Coven

Na Bruxaria, um círculo de praticantes que se reúnem é chamado de coven, uma palavra que passou a ter tantas nuances de significado quanto a palavra "bruxa". Se a intenção é magia e o amor é energia, um coven pode ser tão simples quanto um grupo de pessoas que se reúnem para compartilhar intenções, objetivos e sonhos, que apoiam o trabalho umas das outras e tornam possíveis práticas que não poderiam conseguir sozinhas. O coven pode assumir várias formas: um grupo de amigos ou até mesmo colegas de prática, uma rede familiar de várias gerações, um grupo de estranhos que compartilhem um objetivo e a intimidade amigável do afeto a distância. Procure os potenciais covens na sua vida; ajude a formá-los onde você pode estar e a criar espaços onde possam se encontrar. Esse grupo não precisa necessariamente lançar feitiços, mas ele pode fazer isso também! Grupos de escritores, equipes esportivas, clubes do livro, círculos de artesanato e até mesmo sua equipe de caminhada podem desempenhar o papel de coven para você.

Como qualquer tipo de relacionamento, os membros do seu coven não serão perfeitos. Eles vão cometer erros, haverá desentendimentos. E você não deve a ninguém o compromisso de ser um membro ou de continuar a participar de suas reuniões se o grupo não parecer mais uma boa opção para você. Conciliar as necessidades de cada membro do grupo é algo que exige prática e jogo de cintura, e pode ser complicado. Pense na convocação de um coven como uma prática e um recurso como qualquer outro. Pode ser produtivo, alegre e complicado, mas no final das contas ele mudará continuamente e crescerá assim como você. Abra espaço para futuros covens e não tenha medo de procurar um que seja perfeito para a bruxa que você é agora.

UM EU MAIS FORTE E MAIS RESILIENTE

Criar uma comunidade é, em parte, oferecer a ela o que você tem de melhor. Tratar seus relacionamentos com uma intenção cuidadosa é uma forma de autocuidado e de responsabilidade. O autocuidado é uma estratégia para ajudá-la a desenvolver resiliência diante das dificuldades e presença de espírito nos momentos de atribulação. Embora isso, por si só, já seja importante, também serve a um grande propósito coletivo: nos ajuda a estar disponíveis para nos apoiarmos uns aos outros quando não podemos enfrentar algo sozinhos.

Vamos estender as mãos

Algumas amizades são fáceis, prazerosas e raramente geram desentendimentos. Alguns relacionamentos são mais unilaterais do que outros. Alguns são desafiadores, mas valem a pena. A dinâmica interpessoal é, até certo ponto, tão única quanto os indivíduos que a compõem. Dito isso, existem algumas diretrizes básicas para os relacionamentos mais duradouros, depois que você sai da infância e assume seu papel num mundo cheio de responsabilidades, obrigações e caminhos diversos para todos.

- As amizades se desenvolvem e se transformam assim como as pessoas. Dê a si mesma e aos seus amigos a possibilidade de viver essas mudanças com leveza. Algumas amizades podem crescer junto as novas pessoas que vocês se tornam, mas procure não se ressentir se esse não for o seu caso.

- Não cultive amizades com pessoas que não a tratam tão bem quanto você as trata ou sempre fazem você se sentir mal consigo mesma. Preste atenção em como elas tratam outras pessoas também.

- A vida adulta é um período agitado, cheio de obstáculos pessoais, em que nem sempre conseguimos estar próximas de todas as pessoas que fazem parte da nossa vida. Não leve a mal se um amigo estiver mais distante ou parecer se afastar periodicamente. Talvez ele esteja ocupado com algo que não pode compartilhar com você por alguma razão.

- Se você não tem notícias de um amigo querido há algum tempo, ligue para ele. Não importa se foi você que ligou por último ou tentou entrar em contato. Apenas deixe-o saber que está pensando nele e restabeleça o contato.

- Em caso de dúvida, tente oferecer aos outros a sua benevolência. Isso não significa tolerar um mau tratamento, mas dar a si mesma a dádiva de reconhecer que o mau comportamento das outras pessoas poucas vezes é responsabilidade sua. A menos que você de fato tenha dado motivos para esse mau comportamento, apenas siga em frente.

Pense em quais relacionamentos da sua vida a ajudam a desenvolver autossuficiência emocional. Podem ser amigos que a estimulam a assumir seu poder pessoal ou mentores que a incentivam a superar seus limites e se surpreender. Também pode ser um excelente terapeuta, médico ou outro profissional que a capacite a apoiar melhor o seu espírito ou o seu corpo.

UMA COMUNIDADE MAIS FORTE E RESILIENTE

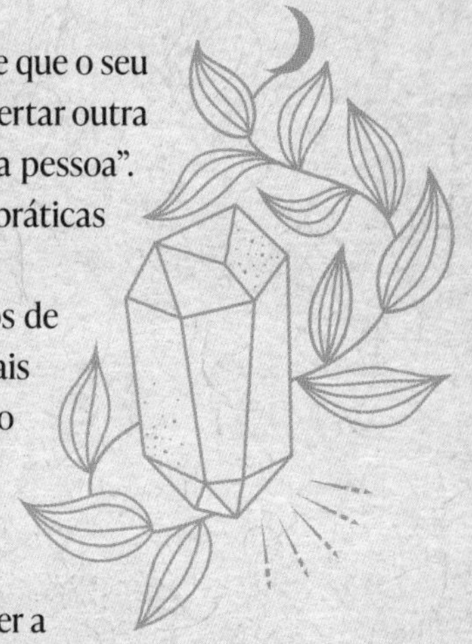

A escritora Toni Morrison costumava dizer aos seus alunos: "Lembre-se de que o seu verdadeiro trabalho neste mundo é saber que, se você está livre, precisa libertar outra pessoa. Se você tem algum poder, então o seu trabalho é capacitar outra pessoa". Esse é o ponto de vista mais poderoso a partir do qual você pode ver suas práticas de autocuidado e magia.

Não é por obrigação, mas por um profundo ato de amor que cuidamos de nós mesmas e das outras pessoas, para criar um mundo mais gentil, mais bondoso e mais livre. Fannie Lou Hamer, uma das heroínas do movimento dos Direitos Civis, tinha um jeito simples de expressar isso: "Ninguém é livre até que todos estejam livres". Uma estrutura que mantenha a sua prática de cuidados pessoais dentro de um contexto ajuda a evitar que ela se resuma a máscaras faciais e banhos de espuma. Praticar magia requer a noção radical de que o impossível é possível. Deixe o poder que infundiu seus atos de autocuidado dar mais impulso à sua disposição para cuidar das outras pessoas.

O Trabalho com Ajuda Mútua

A Arte das Bruxas sempre foi uma rede descentralizada e autônoma de conhecimento e trabalho em grupo. Há uma razão pela qual existem tantas maneiras de se praticar magia quanto existem bruxas e por que o arquétipo de bruxa foi relegado à marginalidade da sociedade convencional.

Considere maneiras que podem funcionar a seu favor enquanto segue seu coração ou faz algo para tornar este mundo um lugar melhor. Você não precisa da permissão ou da bênção formal de uma organização. Você pode se doar abertamente sem precisar avaliar o valor ou o uso adequado do que está doando. Cada centavo doado ou gasto é um feitiço da prosperidade, se lançado com uma boa intenção.

Se você está procurando maneiras de ajudar seus vizinhos que passam por necessidade, lance um feitiço usando seu tempo, sua energia e seus re-

ONDE BUSCAR AUXÍLIO

Embora seja importante cultivar a resiliência emocional e procurar conhecer todas as práticas de autocuidado, o apoio a outras pessoas é uma parte inestimável do seu arsenal de bruxa. Não existe substituto para as conversas estimulantes, os conselhos, a solidariedade e a ajuda que as outras pessoas podem nos proporcionar. Quando você estiver se sentindo sobrecarregada, procure suas redes de apoio.

- ✶ AMIGOS, que podem compreendê-la ou estar passando por desafios semelhantes.
- ✶ PARENTES que amem e apoiem você, incluindo seus pais e irmãos.
- ✶ MENTORES OU COLEGAS DE TRABALHO, que podem ajudar na sua carreira profissional ou no seu emprego.
- ✶ PROFESSORES, incluindo aqueles que pode ter lhe dado aulas no passado.
- ✶ LÍDERES ESPIRITUAIS ou comunidades que compartilhem uma fé semelhante à sua.
- ✶ GRUPOS DE APOIO que dão aconselhamento com relação a perdas, vícios ou doenças.
- ✶ PROFISSIONAIS DE SAÚDE, inclusive terapeutas e psiquiatras.
- ✶ MÉDICOS, inclusive clínicos gerais ou especialistas, bem como clínicas.

cursos. Tente procurar uma rede de ajuda mútua em sua cidade. Esses grupos vagamente organizados podem fazer de tudo, desde distribuir cestas básicas até criar fundos de emergência ou distribuir *kits* de higiene pessoal. O principal fator unificador é que eles colocam tudo o que você dá diretamente nas mãos daqueles que precisam de ajuda, sem fazer perguntas.

PEÇA AJUDA QUANDO NECESSÁRIO

Embora seja importante apoiar seus amigos, sua família e sua comunidade, os cuidados pessoais devem ser uma via de mão dupla. É extremamente importante entender que você não precisa enfrentar seus desafios sozinha. Existem muitas pessoas que podem ajudá-la e todos nós precisamos de ajuda em algum momento da vida.

É fácil sentir que você é a única que está passando por um desafio específico. Nem tudo pode ser resolvido com mais algumas horas de sono ou mais feitiços. Peça a ajuda da sua comunidade. Cuide de si mesma dando-se permissão para ser cuidada pelos outros. Às vezes, renunciar ao nosso desejo de autossuficiência pode ser a escolha mais poderosa que podemos fazer para cuidar de nós mesmas.

CHECKLIST PARA UM RELACIONAMENTO SAUDÁVEL

Use este *checklist* para avaliar os relacionamentos da sua vida: amigos próximos, parceiros, família, mentores e outros relacionamentos mais duradouros. Embora nem todas as perguntas possam se ajustar perfeitamente ao seu caso, preste atenção às respostas. Um "não" não precisa ser um empecilho, mas pode levar a uma reflexão, a uma conversa e a tentativas de fortalecer seu relacionamento num esforço mútuo. Se você descobrir que respondeu "não" para muitas dessas perguntas com relação a um determinado relacionamento, pode ser hora de refletir se essa conexão está beneficiando seu coração e seu espírito.

- Você se sente amada?
- Você se sente valorizada?
- Você se sente ouvida?
- Você pode falar a verdade?
- Você se sente confortável para expressar a sua opinião?
- Você se sente confortável para perguntar sobre os sentimentos e as opiniões dessa pessoa?
- Você se sente bem quando não concorda com essa pessoa?
- Você se sente confortável para mudar de opinião?
- Você se sente livre para crescer como pessoa?
- Você se sente segura ao discutir sentimentos difíceis?
- Você sente que pode ter o apoio dessa pessoa quando necessário?
- Um de vocês ou ambos ficam "jogando na cara" sempre que fazem algo pelo outro?
- Você se sente capaz de apoiar essa pessoa quando ela precisa?
- Você consegue admitir seus erros e pedir perdão?
- Essa pessoa celebra com você os seus sucessos? Você consegue celebrar os sucessos dela?

A Importância de Impor Limites

Às vezes, a maior prática de autocuidado que você pode realizar é estabelecer limites firmes e mantê-los. Os limites são uma prática que exige... prática. Eles não são algo natural para a maioria das pessoas. Mas você não pode deixar que todo mundo tenha acesso a cada parte do seu ser e esperar que tenha espaço para ser quem é.

Não tenha medo de estabelecer limites claros sobre como você quer que as outras pessoas a tratem, sobre quem tem acesso a você e quando, sobre o que esperar das pessoas que a amam. Você não pode controlar as ações dos outros, mas sendo clara sobre o que aceita ou não aceita dos outros, você tem mais condições de fazer escolhas que a qualifiquem e a façam se sentir valorizada. As pessoas que a amam e compreendem farão o seu melhor com relação a você (embora provavelmente metam os pés pelas mãos de vez em quando). Se você explicou a alguém por que teve que impor limites e essa pessoa continua ignorando esses limites, é hora de reavaliar essa relação.

"NÃO" É UM FEITIÇO POR SI SÓ

Há uma expressão que diz, "Não é não e ponto final", mas as bruxas podem levar essa poderosa palavrinha um passo à frente. O "não" é um feitiço que se recusa a tolerar o que não é o melhor ou não corresponde aos interesses mais elevados. Ele não requer explicação (embora dependendo do contexto, você pode ser convidada a oferecê-la). Quando você está conectada com a sua intuição e faz escolhas com respeito e cuidado por si, dizer "não" com o coração pleno e convicto é um poderoso encantamento de proteção.

Feitiço para Impor Limites

MATERIAIS

- Papel e Caneta
- Água (pode ser consagrada no seu altar ou sob o luar, se desejar)
- Sal
- Saquinho para congelar alimentos ou recipiente com tampa que possa ir no *freezer*
- *Freezer*

1 Escreva o nome da pessoa para quem você precisa estabelecer limites. Caso tenha ocorrido um comportamento ou ato específico que a obrigou a estabelecer esses limites, fique à vontade para mencioná-lo. Dobre o papel ao meio, em quatro, ou faça um rolinho, de modo que o texto não fique visível.

2 Se quiser usar água consagrada, você pode fazer isso de algumas maneiras: deixe a água sob os raios do luar ou à luz do Sol, passe a água sobre as representações dos quatro elementos do seu altar ou use a sua tradição preferida, que você já estabeleceu. Misture uma medida de sal na água até dissolver.

3 Coloque o papel com o texto no saquinho para congelar ou no recipiente, encha dois terços do recipiente com água salgada e feche. Lembre-se de que a água se expande quando congela, então deixe espaço suficiente para que o saquinho ou o recipiente não estoure nem se quebre. Coloque o saquinho ou o recipiente no *freezer*.

4 Deixe que o saquinho ou recipiente e seu conteúdo congelem totalmente. Isso funciona com base no princípio da magia simpática. Quando você sentir que os seus limites precisam ser reafirmados, é hora de descongelar e se livrar desse recipiente e do seu conteúdo. (Não reutilize esse recipiente para armazenar alimentos ou para outros fins sem lavá-lo. Você pode encontrar mais feitiços, incluindo feitiços de limpeza, no Capítulo 6.)

A Importância da sua Própria Companhia

Embora o apoio e companheirismo de outras pessoas sejam uma parte importante das suas práticas de cuidados pessoais, é igualmente importante que você desfrute da sua própria companhia. Nem todo mundo acha isso fácil; algumas pessoas só brilham e se sentem felizes quando têm um público, enquanto outras acham que passar um tempo sozinhas é revigorante e muito necessário. Procure se esforçar para fazer amizade com você mesma, de modo que possa apreciar sua própria companhia quando ficar sozinha.

Se você descobrir que está sempre ocupando o tempo que passa sozinha com distrações, barulho e atividades, este pode ser o momento de introduzir alguns momentos de solidão consciente nas suas práticas de autocuidado. Comece aos poucos: dirija com o rádio desligado, faça tarefas sem um *podcast* ligado, não faça suas refeições na frente da TV.

Use esse tempo para se concentrar em seus pensamentos, sentimentos e na natureza imediata e cheia de detalhes da sua experiência de vida. O cérebro humano anseia por novidades, então não se surpreenda se perceber que se sente extremamente entediada quando fica sozinha. Introduza na sua vida *hobbies* e atividades individuais, livres da TV e do celular, em suas práticas de cuidados pessoais, para dar ao seu cérebro algum tempo de paz e silêncio. Com o mundo ruidoso e agitado em que vivemos, o tempo em que ficamos em silêncio na nossa própria companhia é um recurso precioso que vale a pena valorizar e proteger!

Sozinha e Feliz

Ficar sozinha é simples, mas nem sempre é fácil. Quando estiver se sentindo ansiosa ou solitária, experimente fazer este exercício:

1. Acenda uma vela ou use qualquer tipo de aromaterapia para concentrar a sua atenção.

2. Fique em uma posição confortável, sentada numa almofada ou sofá. Use um cronômetro se quiser – de 5 a 10 minutos é um bom intervalo para você se sentir confortável com esta prática.

3. Feche os olhos e respire de maneira suave e uniforme pelo nariz. Respire por alguns momentos até encontrar seu ritmo.

4. À medida que os pensamentos surgirem, observe-os. Tente não julgar seu conteúdo; simplesmente reconheça que está pensando ("Ah, um pensamento!") e, em vez de segui-lo, como faria normalmente, solte-o e deixe que ele passe pela sua mente como uma nuvem. Faça isso cada vez que você se distrair com seus pensamentos e depois volte a observar a sua respiração.

5. Se você vive se distraindo com seus próprios pensamentos, experimente se sentar e repetir esse processo de reconhecimento, liberação e retorno à respiração. Ele pode ser frustrante às vezes, mas pense nele como tomar uma xícara de café com um novo amigo. Você não precisa falar muito – você faz isso o dia todo! Em vez disso, seu papel nessa prática é apenas ouvir.

6. Quando o cronômetro desligar, faça algumas respirações para concentrar a atenção no seu corpo e no modo como você se sente após essa prática. Agora pode abrir os olhos e alongar seu corpo, se espreguiçando.

Uma Festa Particular

Se você se sente sozinha em sua própria companhia, saiba que não é a única. Todos nos sentimos sozinhos às vezes; a solidão é perfeitamente natural. Os seres humanos são criaturas sociais, que almejam a conexão. Se você não quer mais ter esse sentimento de solidão, convém que tenha uma rotina que lembra seu coração de que uma festa de uma só pessoa ainda assim pode ser uma festa.

1 Arrume o espaço que você está ocupando. Você não precisa virar a louca da faxina, basta imaginar que um amigo vai dar uma passadinha na sua casa e você precisa jogar no cesto de roupa suja aquele par de meias que está perdido no meio da sala.

2 Coloque uma música para tocar, de preferência um ritmo que você possa dançar, rebolar ou cantar junto. Dance com alegria, mesmo que esse sentimento pareça um pouco forçado.

3 Prepare um lanche (ou peça sua comida favorita). Você merece sentir o calor da sua própria hospitalidade.

4 Sugestões extras: Enfeite sua casa com flores. Vista uma roupa bonita. Mime-se. Coloque seu filme favorito. Leia seu livro favorito em voz alta. Tenha uma conversa com o seu animal de estimação. Fique à meia-luz.

PRÁTICAS PARA EXTRAVASAR EMOÇÕES

Uma das partes difíceis de sentir solidão é não se sentir ouvido. Talvez você sinta que não há ninguém para celebrar suas alegrias do jeito que gostaria ou que falta na sua vida a pessoa certa para compartilhar suas tristezas. Mesmo com um telefone cheio de contatos, pode ser difícil saber a quem recorrer quando você está se sentindo vulnerável.

Se o seu peito está explodindo, mas você não sabe como compartilhar seus sentimentos com as outras pessoas, uma ótima maneira de processar essas emoções é criar um recipiente para contê-las. Mesmo se você não tiver uma prática regular, diária ou semanal, de fazer registros num diário, é uma boa ideia ter um lugar para escrever sobre os seus sentimentos quando eles parecerem intensos demais para serem processados com outra pessoa.

TRÊS IDEIAS PARA REFLEXÃO

1 QUAL É A FORMA E A TEXTURA DOS SEUS SENTIMENTOS agora, neste momento? Anote-os por escrito com o máximo de detalhes possível, focando a experiência em vez da narrativa. Registre os sentimentos conflitantes, novos e antigos, e como essas muitas nuances emocionais interagem e moldam sua experiência de cada uma delas.

2 O QUE VOCÊ GOSTARIA DE CONTAR AO MUNDO SOBRE SI MESMA, se pudesse ter certeza de que estaria livre de julgamentos e das consequências dessas revelações?

3 QUE CONSELHOS VOCÊ GOSTARIA DE DAR A UM AMIGO que estivesse sentindo o que você está sentindo agora? Como o ajudaria a processar seus sentimentos e deixar o passado para trás, e como o aconselharia a se cuidar?

VEJA OS LIVROS COMO COMPANHEIROS

O que você pode fazer enquanto não encontra a sua tribo? Seja por uma questão de distância ou densidade, personalidade ou lugar, nem sempre é tão fácil encontrar pessoas afins. Mas existe um lugar para encontrar pessoas como você que não requer viagens nem encontros esquisitos. Essa é também uma das formas mais poderosas de magia que os seres humanos já inventaram: os livros.

Você pode não achar que os livros são uma espécie de feitiço, mas imagine só: alguém que você nunca viu, que nem sabe quem você é, é capaz de falar das suas ideias diretamente na sua cabeça, sem um intermediário. Ele nem mesmo precisa de uma vela ou de um feitiço de invocação! Registrar os nossos pensamentos e ideias para o consumo de outras pessoas é um lindo presente. Se você não está conseguindo se conectar com outras pessoas, procure escritores com quem sente afinidade, que a inspirem e com quem você se identifica. Deixe que eles a guiem: faça anotações, documente suas viagens e procure outras pessoas que se entusiasmem com os mesmos autores e livros que você, usando-os como pontos de partida para uma convivência física – só não subestime a capacidade que os livros têm de serem bons amigos.

Amigos do Reino Animal

Nós, seres humanos, temos uma habilidade única de formar laços complexos e amorosos com os outros seres vivos. É uma experiência incrível e poderosa amar um animal e receber o amor dele em troca. Não importa se o seu animal de estimação ideal corre, se arrasta, nada ou voa, há muito que você pode aprender sobre a vida compartilhando com ele a sua casa. E, se quiser, você pode viver esse relacionamento no contexto da sua prática de magia também. Na Bruxaria, quando há um vínculo poderoso entre uma bruxa e seu companheiro do reino animal, ele é muitas vezes chamado de "familiar". Você não precisa cultivar essa dinâmica específica, mas pode valer a pena estudá-la se achar interessante para você!

A MAGIA DE CUIDAR DE UM ANIMAL DE ESTIMAÇÃO

Assim como você pode tornar a prática de autocuidado um ritual se incorporar intenções à sua rotina, você também pode aplicar intenção ao seu relacionamento com seu animalzinho de estimação. Os nossos *pets* dependem de nós para ter alimentação, exercícios, um ambiente seguro e estimulante que lhes permita viver bem e a atenção e o carinho pelos quais todas as criaturas sociais anseiam. Assim como o autocuidado, o cuidado que requerem os animais exige seriedade e comprometimento, mas é profundamente necessário e pode lhe trazer muita alegria.

Crie hábitos com seus animais de estimação que beneficiem mutuamente. Se você tem um cachorro, vocês dois precisam de ar fresco e exercícios todos os dias. Use esses momentos para dar espaço à atenção plena, fazer conexão com o mundo natural e trazer alegria e diversão para o seu dia. Um gato pode não gostar tanto de passeios, mas adora brincar e também precisa de estímulo. Talvez você possa compartilhar com ele um pouco da sua prática de herbalismo entregando-se ao prazer de sentir o aroma das suas ervas favoritas na companhia do seu bichinho de estimação. Coelhos, pequenos mamíferos e roedores também podem ser *pets* adoráveis ; você só precisará vigiá-los de perto se estiverem soltos num jardim, mas essa pode ser uma ocasião excelente para você relaxar longe do celular. Os peixes também são companheiros maravilhosos para a meditação e os pássaros, para a meditação ativa ou musical.

QUESTIONÁRIO PARA AJUDÁ-LA A ESCOLHER O SEU *PET*

- Sua renda e moradia são estáveis o bastante para garantir que seu animal de estimação tenha o que precisa?
- Você consegue reservar um pequeno fundo de emergência apenas para o seu animal de estimação?
- Qual é o seu horário de trabalho? Você tem tempo para fazer exercícios diários com seu animal de estimação e alimentá-lo pela manhã?
- Existe alguém que possa ajudá-la a cuidar do seu animal de estimação se você estiver doente ou viajando?
- Tudo que você quer de um animal de estimação é que ele seja fofinho?
- Você é capaz de assumir um compromisso de longo prazo? Sabia que alguns gatos podem viver mais de vinte anos e alguns papagaios podem viver mais de cinquenta?
- Quanta liberdade você pode dar ao seu animal de estimação? Você quer limpar uma gaiola ou deixá-lo correr pela casa?
- A que partes da casa o seu animal de estimação poderá ter acesso? Ou você pretende deixá-lo só no quintal?

MANEIRAS DE COMPARTILHAR SUA PRÁTICA COM SEU *PET*

- **Herbalismo:** Isso vai exigir algumas pesquisas mais aprofundadas, por isso faça destas dicas um ponto de partida, se lhe interessar. Os gatos são criaturas simples; a erva-dos-gatos é uma erva segura e divertida que o seu gato vai gostar. Quando se trata de outros vegetais, a rama da cenoura e outras verduras que você usa para fazer caldos podem ser opções nutritivas. Também existem muitos petiscos à base de ervas preparadas por especialistas para animais de estimação, por isso essa é também uma ótima maneira de iniciar.
- **Meditação:** Se o seu animal de estimação fica quieto e relaxado quando está no seu colo, se ele cochila quando toca você ou quando você está transitando ou descansando perto dele, você pode usar essa oportunidade para meditar com ele. Você pode sintonizar a sua respiração com a dele, pode sentir o amor e a afeição irradiando do corpinho dele ou visualizar a aura do seu *pet* se expandindo. Envie boas energias ao seu animal de estimação e deixe-se se deleitar com a alegria de poder compartilhar da sua companhia.
- **Brincadeiras:** Embora normalmente não pensemos nas brincadeiras como uma prática de magia, você pode tratá-las como uma prática ritual com intenção, como faria com qualquer outra forma de Bruxaria. Abra um espaço na sua rotina para brincar regularmente com seu *pet* e definir intenções ao brincar com ele: aprenda truques, estimule a curiosidade do seu animal de estimação, movimentem-se e celebrem a companhia um do outro.

6

CONECTE-SE COM A SUA COMUNICAÇÃO

Seu Livro de Feitiços

Quando se trata de Bruxaria, assim como em qualquer outra prática de autocuidado, a intenção é mais importante do que os materiais utilizados. Nas práticas apresentadas neste capítulo, você só precisará de alguns instrumentos básicos. E você sempre pode complementar as ervas sugeridas com outras que estejam mais de acordo com as suas necessidades ou ver o que pode encontrar nas prateleiras das seções de temperos e chás do supermercado.

Trabalhos de Magia no Altar

Os altares podem ter muitas conotações diferentes. Para os propósitos da bruxa, qualquer espaço que você dedique a honrar a sua prática e respeitá-la pode ser um altar. Algumas bruxas deixam o altar montado permanentemente e outras o montam apenas em ocasiões específicas. De qualquer maneira, certifique-se de que ele esteja limpo do ponto de vista físico e energético (você pode usar água salgada, sons ou aromas para a limpeza energética, o que você preferir). Também é melhor colocar seu altar num espaço em que ninguém possa tropeçar nele.

PROVIDENCIE MATERIAIS COM UM SIGNIFICADO ESPECIAL

O que você coloca no seu altar é algo extremamente pessoal e determinado pela sua cultura e pelos seus valores. Se você vem de uma cultura que faz uso do altar nas suas práticas religiosas de celebração, você pode se sentir mais empoderada se tiver um na sua casa. Se sua tradição não inclui o hábito de ter altares domésticos, comece explorando o que a faz se sentir mais fortalecida, alegre e conectada com o seu senso de divino. Você não precisa reverenciar uma divindade específica ou um poder superior no seu altar; concentre-se no que parece importante na sua vida e no que você gostaria de homenagear.

Coleta

Se fizer um passeio até um parque perto da sua casa, isso pode lhe dar inspiração para o que pode incluir no seu altar natural. Pedras bonitas e interessantes, gravetos com um formato evocativo ou bonito, até mesmo um pedaço da casca de uma árvore pode lembrá-la do mundo natural ao seu redor. Sempre que possível, não cause nenhum dano a nenhum elemento natural nem o arranque da terra ou remova de onde estiver crescendo. Contente-se em coletar o que já está no chão ou pode ser coletado com um impacto mínimo ao ambiente.

Materiais necessários para seus feitiços e altares

- ✶ Velas brancas
- ✶ Sal
- ✶ Folhas de papel
- ✶ Envelopes
- ✶ Um caderno
- ✶ Uma caneta
- ✶ Água (às vezes quente, às vezes fria, às vezes consagrada, dependendo do feitiço)
- ✶ Pedras
- ✶ Incenso, óleos essenciais ou aromas da sua preferência
- ✶ Recipientes descartáveis que podem ser selados
- ✶ Uma tigela
- ✶ Um recipiente refratário
- ✶ Fósforos ou um isqueiro
- ✶ Um espelho
- ✶ Suas ervas favoritas

Identificação e uso de materiais naturais

Uma das fontes mais fáceis de recursos para a montagem de um altar é a natureza. Esses materiais coletados podem servir como oferendas ou ajudar a ancorar a energia do seu espaço para a terra, além de fortalecer a sua conexão com o mundo natural. Em muitas tradições, as flores são um elemento clássico em altares. Embora certas flores tenham associações específicas, não há problema em usar as que estão ao seu alcance. Flores da estação ou cultivadas na sua região são sempre as melhores opções para você incluir na sua prática, pois são uma parte real do mundo em que você vive, mas, se você não pode colher flores no parque ou no seu próprio jardim, um buquê da floricultura ou da seção de flores do supermercado pode servir perfeitamente.

Cristais

Os cristais podem ser um jeito maravilhoso de explorar a ressonância energética e a beleza natural. No entanto, essas pedras precisam ser encaradas com consciência, pois o fascínio que a beleza delas provoca deu origem a algumas questões ambientais e éticas preocupantes. Quando comprar cristais, procure descobrir o modo como eles foram obtidos e extraídos, bem como a maneira como são identificados. O ideal é que você encontre fornecedores confiáveis, que saibam a procedência dos cristais e que possam ajudá-la a se certificar de que está comprando a pedra exata que está procurando e conheça as restrições sobre seu uso. Alguns cristais não podem ser submersos em água, outros não devem ser colocados sob a luz solar direta.

O Uso de Fotos e Imagens

A natureza humana atribui um grande valor às imagens; elas ativam determinadas áreas do nosso cérebro e podem representar o modo como vemos nossos sonhos e desejos. Se você se sente mais conectada às imagens capturadas por uma câmera ou às criadas pelas mãos humanas, não importa; elas podem ser componentes importantes na criação de um altar.

RITUAL DO CADERNO DE REGISTROS

Se você acha que pensa, sonha e se comunica melhor com imagens, talvez goste da ideia de ter um caderno especial apenas para o seu altar, onde pode desenhar ou colar imagens que ilustrem suas ideias, de preferência na forma de um diário físico. Crie páginas específicas para os feitiços que você lança, para os cenários futuros que você deseja criar ou coisas que deseja alcançar. Você pode adicionar imagens impressas das outras pessoas, fotos da sua própria vida, fotos de pessoas que a inspiram ou criações de sua própria imaginação.

REVERÊNCIA A FAMÍLIA, AMIGOS, ANCESTRAIS E COMUNIDADE

Muitas culturas reverenciam seus ancestrais como parte dos rituais de sua prática religiosa. Se isso é algo com o qual você já está familiarizada, considere maneiras de integrar essa tradição às suas práticas de autocuidado. Se essa prática de honrar os ancestrais é algo novo para você, procure saber mais sobre as suas raízes com pesquisas ou conversando com membros da família. Você também pode incluir fotografias, desenhos ou representações de parentes vivos que deseja cuidar (e que cuidam de você) como parte do cultivo de uma prática de autocuidado. Isso pode incluir membros da sua família, amigos queridos, mentores e figuras que inspiram você também. Se você não tem a imagem de uma pessoa em particular, pode escolher um objeto ou imagem para representá-la; essa pode ser uma maneira maravilhosa de se conectar com ancestrais dos quais você foi separada por um trauma geracional ou pela simples passagem do tempo.

IMAGENS COMO MANIFESTAÇÃO

Se você está procurando manifestar um resultado ou caminho específico, experimente colocar no seu altar imagens que representem isso literal ou figurativamente para servirem de âncora para essa intenção e trabalho mágico. Quanto mais específica você for enquanto se manifesta, melhor. Se está tentando manifestar um caminho em direção à sua casa própria, por exemplo, pode colocar a representação de uma casa na forma de um pequeno objeto ou um desenho, uma fotografia da sua casa ideal, imagens dos tipos de bairro em que você quer morar, uma lista de características ou etapas específicas entre você e a realização desse sonho... tudo isso pode ajudar. Você sempre pode adicionar mais detalhes à medida que você e seu sonho avançam em direção à manifestação!

Palavras, Incrições e Rótulos

As imagens são recursos poderosos, mas nem sempre parecem acessíveis se você não tem muito talento para o desenho ou acesso a uma impressora ou revistas. Felizmente, escrever é uma habilidade que requer só papel e caneta. Se está lendo este livro, você tem as habilidades necessárias para criar um livro de intenções, feitiços e sonhos para o seu altar. Escrever com intenção, registrar suas experiências no diário para reflexão posterior e anotar seus desejos por escrito são instrumentos poderosos de todo *kit* de magia. Mantenha um diário dedicado em seu altar para registrar suas meditações, feitiços e outras intenções escritas. Se você quiser complementar esse diário com uma prática baseada em imagens, nada a impede, mas um caderno de composição simples já serve muito bem.

COMO ESTABELECER E PREPARAR INTENÇÕES

Ao escolher um caderno, comprometa-se a usá-lo apenas para fins mágicos. Se quiser, pode incluir também uma caneta dedicada e algumas folhas de papel soltas para feitiços. (Você também pode cortar algumas folhas para feitiços que requerem o uso de tiras de papel.) Antes de usar esses materiais pela primeira vez, você deve abençoá-los com seu método preferido – usando som, fumaça ou incenso para limpar sua energia e borrifá-los com sal ou a água salgada do seu altar também. Isso é para garantir que, quando você usar a sua caneta, por exemplo, a energia da sua última lista de compras ou suas anotações da reunião de trabalho não interferirão na sua prática.

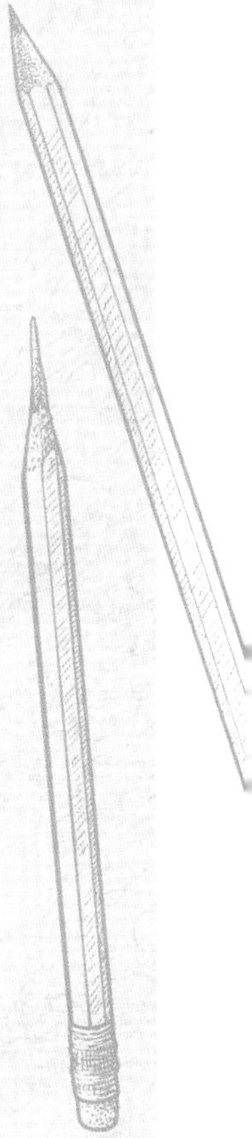

LIVRO, CANETA, PAPEL

Quando tiver seus materiais dedicados em mãos, estabeleça a razão por que os usará e como os usará. Se você não se incomoda em rasgar algumas folhas do seu caderno de feitiços, como vai fazer isso? Vai rasgar as folhas da parte de trás do seu caderno? Vai incluir os números das páginas ou um índice? Vai registrar por escrito o método e os materiais dos feitiços e seus atos mágicos de autocuidado? E com relação aos seus sonhos? Pretende registrá-los? E vai usar seu caderno para anotar seus comentários sobre suas meditações ou para registrar seus sentimentos? Não há uma resposta certa para essas perguntas, mas refletir sobre elas com antecedência irá ajudá-la a avaliar como deseja abordar o relacionamento entre suas anotações, seu altar e sua prática em geral.

INSCRIÇÕES, RÓTULOS E OUTROS USOS

Alguns feitiços irão exigir que você grave um nome numa vela, escreva uma intenção ou resolução numa folha de papel para queimar depois ou tome um chá que pode manter na geladeira até a hora de tomá-lo novamente. Seja cuidadosa com relação a essa importante prática de rotular, inscrever e dedicar com palavras. É importante ser o mais específica possível, descrevendo os componentes do chá e seu uso em detalhes, usando nomes completos sempre que possível e sendo o mais detalhista possível nas descrições das intenções, resoluções e manifestações. Esse cuidado vai lhe dar a certeza de que você está se comunicando de forma clara consigo mesma e com o universo – e evitando qualquer mal-entendido!

DEPOIS DE CONCLUIR OS FEITIÇOS

Quando um feitiço ou trabalho de magia pede que crie um objeto ou queime algo até as cinzas, sobram detritos ou objetos que você não desejará mais manter em seu altar. Depois que o feitiço está completo, você vai querer descartar cinzas, detritos, tocos de velas e todos os frascos consagradas que usou, para liberar espaço no seu altar e concluir o feitiço adequadamente. Existem três maneiras principais que as bruxas usam para fazer isso, dependendo do seu espaço, das suas necessidades e dos materiais envolvidos. Todos exigem que você descarte os materiais fora de casa, e essa é uma das razões pelas quais é importante considerar os objetos que usará nos feitiços com antecedência, escolhendo materiais naturais sempre que possível.

Enterrar na encruzilhada

Para a maioria dos feitiços que requerem objetos, a maneira mais simples de eliminar as sobras é enterrá-las numa encruzilhada. Uma encruzilhada é qualquer lugar onde duas vias ou trilhas se cruzem, levando em direções diferentes. A lógica por trás dessa prática é que a encruzilhada impede que qualquer energia retorne para você ou a siga, pois há mais de um caminho a ser seguido. Um caminho bifurcado num parque local, especialmente em áreas arborizadas, é um ótimo lugar para pequenos objetos e materiais biodegradáveis como cinzas. Se você tiver um objeto maior, uma lixeira pública é uma opção melhor.

Afundar na água

Se seus materiais são biodegradáveis e você não se sente confortável enterrando algo num espaço público, outra opção é descartá-los num local com água. A melhor opção é o oceano; cheio de água salgada, ele é um purificador natural, além de estar sujeito a marés fortes, que levam para longe o que você joga dentro dele. Você deve estar ciente de que os recipientes selados flutuam, então pode ser necessário colocar pedras dentro deles para que isso não aconteça. E nunca polua rios ou mares.

Queimar no fogo

Para itens que podem ser queimados com segurança, como papel, flores e outros materiais naturais, você pode queimá-los numa lareira ou numa fogueira. Não queime pedra, vidro ou plástico. É importante tratar esse fogo com a mesma intencionalidade que uma vela; diga algumas palavras de intenção sobre o que está fazendo quando acender o fogo. Certifique-se de observar o fogo até que ele se extinga e, se puder, descarte as cinzas ao ar livre, usando um dos métodos citados anteriormente.

Maneiras de usar o seu altar

✶ CONSAGRANDO E HONRANDO: Quando você decidir usar materiais em trabalhos de magia, é importante que limpe, purifique e consagre esses itens. O melhor lugar para fazer isso é o seu altar, embora ocasionalmente você possa colocar uma tigela de água ou cristais sob a luz do luar, no parapeito de uma janela durante a noite. Se fizer água salgada, o ideal é que use o sal e a água que já consagrou em seu altar. Uma consagração simples consiste em pedir aos poderes do universo ou à sua divindade favorita para abençoar os objetos. Coloque os itens no altar, acenda uma vela ou incenso e invoque esses poderes para proteger e abençoar os objetos do seu altar. Você também pode honrar representações das pessoas que ama mantendo as imagens delas no seu altar enquanto isso fizer sentido para você.

✶ MEDITANDO E REFLETINDO: Assim como seu altar é um lugar seguro para expor e conter objetos que honrem as partes da vida que você deseja celebrar, você também pode usá-lo para refletir. Se quiser iniciar uma prática de meditação, monte seu altar de um modo que a faça se sentir confortável na frente dele todos os dias. Você pode manter uma almofada por perto, se quiser, e um novo sortimento de velas brancas, para acender uma cada vez que meditar. Seu altar lhe dará um ponto focal e vai ancorar suas meditações; além disso o tempo que passar ali vai infundir seu altar e você mesma com foco e intenção. Mantenha um diário por perto para registrar quaisquer pensamentos, revelações ou intenções antes ou depois de suas sessões de meditação.

✶ MANIFESTAÇÃO E TRABALHOS DE MAGIA: Com seus suprimentos selecionados e consagrados em seu altar, você pode trabalhar com confiança com seus instrumentos e sua intuição. Você pode descobrir que deseja dedicar um horário apenas para consagrar materiais, como sal, água da lua, água salgada, flores e ervas e velas, que ficarão guardados perto do seu altar até que esteja pronta para usá-los. Mas você também pode adicionar mais uma etapa, abençoando seus materiais antes de trabalhar com eles. Se quiser manter um registro, pode usar o mesmo diário em que registra suas meditações e reflexões, ou pode ter um caderno separado só para os seus feitiços. Você também pode manter folhas soltas ou papel em tiras para escrever nomes e intenções em feitiços com velas ou fogo.

A Magia da Escrita

Toda palavra é um feitiço. Os feitiços não são o que acontece quando você agita uma varinha mágica (embora você possa usar uma, assim como pode usar um athame como varinha ou uma faca). Os trabalhos de magia funcionam quando você projeta a força da sua atenção e da sua ação. Às vezes a ação vem através do próprio ritual ou da visualização e às vezes ela vem do que você faz depois do feitiço – afinal, é difícil saber se você recebeu uma mensagem se não verificar a caixa de correio. Pense em cada palavra que você fala (e cada ação que envia para o mundo) como parte de um feitiço, que expressa sua intenção para o mundo. Lance o feitiço e depois siga a sua vida, fazendo qualquer coisa sobre a qual você tenha controle. Deixe o universo fazer o resto.

A IMPORTÂNCIA DA CLAREZA E DA ESPECIFICIDADE

Você conhece a frase "cuidado com o que deseja"? Saiba que isso também vale para os feitiços que lança. Se não for específica sobre o que pede, o universo pode lhe dar algo que você não quer. Não peça apenas "o emprego dos seus sonhos", mas seja muito clara sobre o emprego com que sonha: o horário, o campo de trabalho, a função, as responsabilidades, o salário, a mentoria. Não tenha medo de preencher páginas e páginas, descrevendo seus sonhos e intenções. Descreva exatamente o que você vai fazer e o que quer pedir para o universo fazer para apoiá-la.

Os Feitiços e o seu Livro das Sombras

Embora os feitiços apresentados neste capítulo e os outros deste livro sejam muito específicos, todos têm algumas características em comum. Eles geralmente usam os mesmos conjuntos de objetos e moldam as intenções com ações específicas e o poder de sua própria crença e investimento no ritual. Nenhum feitiço funcionará com muita eficiência sem esses elementos, não importa o capricho com que você prepare suas velas ou seus encantamentos.

AMOR & AMOR-PRÓPRIO

Feitiço para Acalentar um Coração Partido

MATERIAIS

Mistura nº 1

- 2 colheres de sopa de camomila
- 2 colheres de sopa de erva-cidreira
- 1 colher de sopa de cardamomo
- 1 colher de sopa de mel

Mistura nº 2

- 2 colheres de sopa de tília
- 1 colher de sopa de mimosa
- 1 colher de sopa de pétalas de rosa
- 2 colheres de sopa de sabugueiro
- 1 colher de sopa de borragem
- 1 colher de sopa de milefólio
- 1 colher de sopa de mel

Este feitiço é lançado com um chá que você pode manter na sua despensa durante até um ano (é improvável que ele estrague se todos as ervas estiverem totalmente secas quando o chá for preparado, embora ele possa perder sua potência após esse tempo.) Quando sentir que precisa de ajuda para curar o coração partido e não sabe onde obtê-la, comece tomando essa xícara de chá. Existem duas variações dessa mistura de ervas; numa delas, você pode encontrar todos os ingredientes nas prateleiras do supermercado, mas a outra exigirá uma visita a um fitoterapeuta ou a uma loja de produtos naturais, que venda ervas a granel. Você escolhe. Se você não gosta de uma erva em particular, tente substituí-la por outra, usando a mesma proporção sugerida.

1 Misture as ervas com base nas quantidades indicadas e coloque a mistura num recipiente hermeticamente fechado.

2 Usando os métodos detalhados na página 116, abençoe o chá no seu altar. Ao fazer isso, pense em como você espera curar o coração partido.

3 Aqueça a água no fogo até quase ferver e deixe-a esfriar por alguns instantes.

4 Enquanto a água está esfriando, adicione 2 a 3 colheres do seu chá de folhas soltas num bule ou infusor de chá. Quando a água estiver quase fervendo, adicione-a à xícara ou ao bule.

Feitiço para Invocar o Amor-Próprio

Este feitiço consiste num frasco contendo todos os materiais do feitiço dentro dele. Depois de reunir os ingredientes, mas antes de colocá-los dentro do frasco, certifique-se de carregá-lo com a sua intenção. Passe algum tempo com cada ingrediente, pensando no que você deseja atrair para a sua vida, e depois coloque-os, um a um, dentro do frasco, meditando sobre o propósito do feitiço.

MATERIAIS

- Papel e caneta
- Um recipiente com tampa
- ¼ de xícara de mel
- 2 colheres de chá de cravo-da-índia
- 2 colheres de sopa de pétalas de rosas
- 1 colher de sopa de lavanda
- Vários confetes ou *glitter*
- Uma fita ou barbante coloridos
- Uma vela branca pequena

Opcional:

- Uma pedra-da-lua
- Um quartzo rosa
- Um lápis-lazúli

1 Limpe e consagre o recipiente que você vai usar, bem como todos os itens com os quais você planeja preenchê-lo.

2 Defina o que significa amor-próprio para você – paz, conforto, admiração, alegria, celebração, emoção. Escreva tudo isso numa folha de papel, sem economizar as palavras. Seja o mais específica possível.

3 Adicione os ingredientes no recipiente na ordem em que foram relacionados, com exceção da fita, ou do barbante, e da vela. Amarre o barbante ou a fita em volta da boca do frasco e amarre-o com um nó. Acrescente um laço.

4 Acenda a vela e coloque-a em cima do recipiente, deixando a cera escorrer pelos lados e cobrindo as bordas da tampa até selá-la. Uma alternativa seria pingar cuidadosamente a cera da vela ao redor da borda da tampa, selando o frasco.

5 Mantenha o frasco em seu altar, embaixo da cama ou num lugar seguro, por onde você passe regularmente. Se quiser, você pode meditar sobre ele ou visualizando o recipiente ou colocando-o à sua frente enquanto faz isso.

AMOR & AMOR-PRÓPRIO

Feitiço para a Comunidade

MATERIAIS

- Um papel de carta e um envelope combinando (você pode substituir por uma folha de sulfite e um envelope simples, mas procure decorá-los com amor e capricho), consagrados no seu altar
- Sua caneta favorita
- Uma vela branca
- Um carimbo

1 Depois de preparar seu papel de carta, esse feitiço é simples. Pegue a caneta e o papel.

2 Escreva no alto da página, "Para a comunidade que procuro", e depois faça uma carta para as pessoas de todo o mundo que esperam conhecê-la. Descreva o mundo que você quer construir com elas, o companheirismo que deseja oferecer e o que você espera receber em troca. Passe o tempo que for preciso explicando sobre os projetos reais que deseja criar, como e onde deseja encontrá-las e o que você imagina que sentirá quando trabalharem juntos.

3 Quando terminar de escrever a sua carta, assine e coloque a data. Coloque-a dentro do envelope e, para fechá-lo, pingue um pouco da cera da vela com cuidado.

4 É neste momento que você invoca alguns aliados para a sua magia, pegando emprestado um pouco da magia da comunidade que já existe. Envie a carta pelo correio para você mesma e só abra o envelope no dia em que encontrar sua comunidade. Você saberá quando chegar a hora certa. Mantenha-a no seu altar ou num local seguro até esse dia.

Feitiço para o Perdão

MATERIAIS

- Duas folhas de louro
- Caneta
- Vela pilar preta
- Vela pilar branca
- Barbante branco
- Sal

AVISO: É extremamente importante não deixar este feitiço sem vigilância, especialmente se as velas não estiverem dentro de recipientes à prova de fogo, pois o barbante pode pegar fogo. Se isso acontecer, considere o feitiço concluído.

1. Escreva o nome da pessoa que precisa ser perdoada numa das duas folhas de louro e o nome da pessoa que precisa perdoar na outra.

2. Coloque a folha da pessoa que precisa ser perdoada sob a vela preta e o nome da outra pessoa sob a vela branca.

3. Amarre uma ponta do barbante em volta de uma vela e a outra ponta, na outra vela, ligando as duas com o barbante.

4. Faça um círculo de sal ao redor de ambas as velas, deixando que o barbante fique suspenso entre elas.

5. Assim que as velas, o barbante e as folhas estiverem devidamente preparados, acenda as velas. Mentalize as duas pessoas. Deixe as velas queimarem e fique de olho no barbante, para que não pegue fogo.

6. As chamas devem queimar no centro das velas, de modo que o barbante permaneça suspenso entre as duas. No entanto, se ele cair ou se soltar à medida que as velas queimarem ou antes que elas se apaguem, considere o feitiço concluído.

7. Quando o feitiço terminar, descarte o barbante, o toco das velas e as folhas de louro usando qualquer um dos métodos apresentados na página 146.

DOR & PESAR

Feitiço para a Reflexão

MATERIAIS

- Espelho
- Diário ou papel e caneta
- Sal ou água salgada consagrada

Opcional:

- Prato refratário
- Fósforos ou isqueiro

Embora um espelho seja literalmente um instrumento para refletir o que está em seu campo de visão, ele também é um instrumento comum para a reflexão metafísica. Use-o para criar um espaço de sinceridade e revelação para si mesma.

1 Providencie um lugar onde você possa se sentar confortavelmente na frente do seu espelho.

2 Deixe a caneta e o papel ou diário na sua frente, mas não comece a escrever ainda.

3 Passe 5 minutos examinando seu reflexo no espelho. O que você vê nos seus olhos, na sua expressão, na sua postura? Seu reflexo corresponde ao modo como você se sente agora? Se a resposta é não, por que ele não corresponde?

4 Depois de passar alguns minutos refletindo, comece a colocar suas observações no papel. Não se preocupe em construir uma narrativa coerente ou coesa, apenas registre seus pensamentos à medida que eles lhe ocorrerem. Simplesmente extravase-os.

5 Depois de sentir que registrou inteiramente suas reflexões, deixe de lado as páginas para revisar o texto mais tarde, se achar conveniente. Você também pode honrar essas páginas queimando-as, se preferir liberar as emoções que vieram à tona.

6 Limpe o espelho jogando sal sobre ele ou borrifando-o levemente com água salgada consagrada.

DOR & PESAR

Feitiço para os Momentos de Angústia

MATERIAIS

- Vela pilar branca
- Sal
- Água
- Recipiente ou prato refratário

1 Consagre a vela, o sal e a água em seu altar se você não estiver usando materiais que foram previamente abençoados.

2 Combine o sal e a água no recipiente, enchendo-o com menos de 2/3 da sua capacidade máxima.

3 Mexa vigorosamente para dissolver o sal.

4 Mergulhe os dedos na água salgada e esparja a água sobre a cabeça, os ombros, o pescoço, o rosto e o peito. (Você não precisa se encharcar, algumas gotas bastam.)

5 Coloque a vela no centro do recipiente e acenda-a. Reflita sobre o momento presente, as pessoas que são a sua luz na escuridão e a natureza passageira e fluida dos desafios.

6 Deixe a vela queimar até encontrar a água ou até acabar. Sente-se diante dela e use o tempo em que ela está acesa para iluminar sua escuridão.

MAGIA DA LUA

Feitiço de Purificação

MATERIAIS

- Sal de Epsom
- Óleo essencial da sua escolha
- Óleo de amêndoa ou óleo hidratante similar
- Pétalas de rosas (ou outros aliados florais da sua preferência)

Opcional:

- Velas
- Sua máscara de cabelo e/ou de rosto favorita
- Banho de espuma
- Produtos de beleza
- Música
- Toalhas limpas
- Roupão
- Chinelos

Este feitiço é tanto um ritual de purificação quanto de meditação. Se a ideia lhe agrada, faça uma boa faxina no seu banheiro antes de passar para o seu ritual de limpeza profunda, de modo que possa se concentrar inteiramente em seu corpo e em sua mente.

1 Prepare seu banho, certificando-se de que a água não esteja nem muito quente nem muito fria. Encha a banheira, deixando espaço para que ela não transborde quando você entrar. Adicione o sal de Epsom, algumas gotas do seu óleo essencial favorito ou do óleo hidratante sob a água corrente. Adicione o banho de espuma, se desejar.

2 Durante o banho, crie uma atmosfera mais propícia acendendo velas, diminuindo as luzes, colocando uma música e deixando ao lado da banheira toalhas limpas e um roupão e chinelos se você quiser. Concentre-se em criar uma atmosfera relaxante. Se preferir um banho bem quente, deixe um copo de água fria à mão.

3 Assim que a banheira estiver cheia, espalhe as pétalas de rosa ou suas pétalas de flores preferidas na superfície.

4 Quando você entrar no banho, libere o que está prendendo no seu coração.

5 No banho, concentre-se em meditar sobre o que você deseja limpar da sua energia e saboreie esse banho revigorante. Adicione máscaras, esfoliantes e qualquer outra coisa que possa fazer você se sentir cuidada e mimada. Quando for hora de abrir o ralo da banheira, deixe que a água escoe totalmente e, em seguida, tome um banho rápido de chuveiro para limpar totalmente seu corpo e enxaguar a banheira.

Feitiço da Lua Cheia

A Lua cheia é o período em que as coisas chegam à sua plenitude, é a colheita dos frutos das intenções e uma celebração do que já temos à nossa disposição. É o momento perfeito para demonstrar gratidão pelo que você tem no presente, que é a garantia de que seus empreendimentos futuros serão abençoados.

MATERIAIS

- Água
- Sal
- Uma tigela
- Recipiente tampado hermeticamente ou com cera

1 Consagre a água e o sal em seu altar.

2 Coloque várias medidas de sal na tigela com água. A água deve estar bem salgada, assim como a água do mar.

3 Coloque a tigela cheia numa prateleira, mesa ou parapeito da janela sob a luz da lua cheia durante toda a noite. Tenha cuidado para que ela fique numa superfície estável, que esteja protegida de animais de estimação ou outros moradores da casa que tenham o hábito de perambular pela casa durante a noite.

4 Pela manhã, passe a água (pode eliminar o excesso de sal se quiser) para o recipiente selecionado e armazene-a para usá-la em outro feitiço. Ao selar o frasco, agradeça à Lua pelo que ela traz em seus fluxos e refluxos.

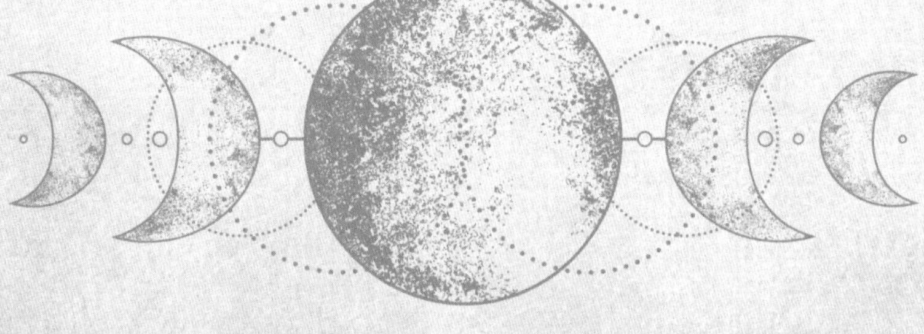

MAGIA DA LUA

Feitiço da Lua Nova

MATERIAIS

- Vela preta
- Diário ou folha de papel e caneta
- Prato refratário

A manifestação é uma prática que requer compromisso e meditação. A lua nova, que chega a cada mês, é uma ótima oportunidade de revisitar o que buscamos e por quê. Se você gosta de Astrologia, saiba que cada lua nova tem um tema que pode orientar suas reflexões.

1 Consulte um calendário lunar se você pretende sintonizar suas manifestações com a Lua.

2 Consagre sua vela e outros materiais ao seu altar.

3 Com sua caneta e papel nas mãos, reflita sobre o que você deseja manifestar. Seja o mais específica possível, descrevendo todos os detalhes do que você deseja e como isso pode entrar em sua vida.

4 Acenda a vela e imagine como será receber sua manifestação em sua vida. Como vai se sentir?

5 Enrolando ou dobrando o papel, queime cuidadosamente uma ponta dele e coloque-o no prato refratário para que ele continue a queimar. Deixe que o papel queime até virar cinzas, reacendendo-o quando necessário.

MAGIA DA LUA

Feitiço de Orientação

Mesmo que você tenha muitas pessoas maravilhosas na sua vida, às vezes não tem ninguém que possa lhe dar a orientação de que precisa. Se esse é o seu caso, não há nenhum problema em apelar para o universo. Se quiser pedir uma orientação a forças superiores, use este feitiço.

MATERIAIS

- Papel e caneta
- Um recipiente com tampa ou com uma borda que possa ser selada
- ¼ xícara de mel
- 1 colher de chá de manjericão
- 1 colher de chá de noz--moscada
- 1 colher de chá de sálvia
- 1 colher de chá de canela
- 2 colheres de sopa de pétalas de rosa
- 1 ou 2 tiras de casca de limão
- Vela branca pequena
- Fita ou barbante colorido

Opcional:

- 1 colher de sopa de artemísia ou mil-folhas
- Pirita, citrino, quartzo rosa, quartzo transparente ou ametista

1 Consagre os materiais para o feitiço, concentrando-se especialmente no problema ou na razão pela qual você está pedindo orientação, enquanto você faz isso.

2 Pegue a caneta e o papel e descreva sua preocupação com tantos detalhes quanto possível. Descreva os possíveis cursos de ação que estão abertos para você e o que espera do resultado final. Tenha o cuidado também de descrever a orientação que está buscando e como gostaria de recebê-la, para que possa reconhecê-la quando ela chegar.

3 Dobre ou enrole o papel e adicione-o ao recipiente. Cubra com o mel, as ervas e outros ingredientes que desejar.

4 Acenda a vela e coloque-a em cima do recipiente, deixando a cera escorrer pelas laterais e cobrindo as borda, até selá-las. Uma alternativa é pingar cuidadosamente a cera da vela ao redor da borda da tampa, para selar o frasco.

5 Mantenha o recipiente no seu altar ou em algum lugar seguro onde você passará regularmente. Se quiser, passe um tempo meditando sobre suas preocupações, segurando o pote enquanto faz isso.

Feitiço para Definir Intenções

MATERIAIS

- Uma vela branca
- Um papel de carta e o envelope correspondente (você pode substituir por uma folha de sulfite e um envelope simples), consagrados no seu altar
- Sua caneta favorita
- Imagens ou desenhos que representem a sua intenção
- Um carimbo

Embora a definição de intenções seja uma parte importante dos trabalhos de magia, às vezes você precisa de um lembrete das intenções que definiu anteriormente. Este feitiço é uma carta de amor do seu eu do passado para o seu eu do futuro, escrita pelo seu eu do presente.

1 Acenda a vela. Passe de 5 a 10 minutos meditando sobre o compromisso que você assumiu consigo mesma. Pode ser uma mudança de comportamento, um novo hábito que espera cultivar, uma resolução ou um compromisso com uma causa específica. Foque na razão por que deseja fazer isso e considere seu caminho a seguir.

2 Depois de considerar suas intenções, escreva uma carta para o seu eu do futuro sobre por que está definindo essas intenções e o que espera alcançar com elas. Que mudanças você espera realizar em sua vida? Que caminhos você está seguindo?

3 Quando terminar de escrever, assine e coloque a data. Adicione quaisquer imagens ou desenhos que representem sua intenção e, em seguida guarde-os no envelope, pingando um pouco da cera da vela na aba do envelope para selá-lo.

4 Carimbe o selo e enderece a carta para você mesma. Abra a carta quando estiver sentindo dificuldade para manter seu compromisso com as suas intenções. Use essa mensagem do seu passado para fortalecê-la em seu futuro.

MAGIA DA LUA

Feitiço para Definir Objetivos

MATERIAIS

- Um papel pequeno e uma caneta
- Prato refratário
- Vela pilar branca
- Palito de dente, faca pequena ou *hashis* (palitinhos japoneses)
- Óleo perfumado (óleo essencial ou óleo de unção da sua escolha)

Opcional:

- *Glitter* (de um tipo que não agrida o meio ambiente)
- Pequenos cristais da sua escolha
- Pétala de rosa

1 Quando você decidir seu objetivo, escreva-o de maneira clara, legível e minuciosa no papel. Dê o máximo de detalhes possível sobre o seu objetivo. Dobre o papel e coloque-o no prato refratário.

2 Entalhe na vela uma palavra que represente o seu objetivo. Não tenha pressa, faça tudo no seu tempo.

3 Assim que a palavra for esculpida, unte a vela com o óleo, passando-o no topo da vela e sobre a própria palavra. Se decidir usar *glitter*, você pode cobrir a palavra com ele, para que ela brilhe também.

4 Com a vela preparada, coloque-a em cima do papel e acenda-a com sua intenção em mente. Assim que a cera da extremidade superior derreter um pouco, você pode adicionar pequenos cristais, pétalas de rosa e *glitter* à cera derretida. Não há problema se a cera pingar no papel embaixo.

5 Acenda a vela em seu prato cada vez que estiver fazendo algo para alcançar o seu objetivo, pois isso a deixará mais inspirada.

Leituras Recomendadas

Basic Witches: How to Summon Success, Banish Drama, and Raise Hell with Your Coven,
de Jaya Saxena e Jess Zimmerman.

Blotto Botany: A Lesson in Healing Cordials and Plant Magic,
de Spencre L.R. McGowan.

Inner Witch: A Modern Guide to the Ancient Craft,
de Gabriela Herstik.

More Than Medicine: A History of the Feminist Women's Health Movement,
de Jennifer Nelson.

Literary Witches: A Celebration of Magical Women Writers,
de Taisia Kitaiskaia e Katy Horan

You Were Born for This: Astrology for Radical Self-Acceptance,
de Chani Nicholas [*O Poder do Seu Signo*, Editora Pensamento].

The Moon Book: Lunar Magic to Change Your Life,
de Sarah Faith Gottesdiener.

The Spell Book for New Witches: Essential Spells to Change Your Life,
de Ambrosia Hawthorn

Master Book of Herbalism,
de Paul Beyerl.

The Modern Herbal Dispensatory: A Medicine-Making Guide,
de Thomas Easley and Steven Horne.

The Creative Tarot: A Modern Guide to an Inspired Life,
de Jessa Crispin.

Rosemary Gladstar's Medicinal Herbs: A Beginner's Guide: 33 Healing Herbs to Know, Grow, and Use, de Rosemary Gladstar.

Tarot: No Questions Asked: Mastering the Art of Intuitive Reading,
de Theresa Reed.

Body and Soul: The Black Panther Party and the Fight against Medical Discrimination,
de Professor Alondra Nelson.

Astrology for Real Life: A Workbook for Beginners (A No B.S. Guide for the Astro-Curious),
de Theresa Reed.

Tarot for Troubled Times: Confront Your Shadow, Heal Your Self & Transform the World,
de Shaheen Miro and Theresa Reed.

Nurturing Wellness Through Radical Self-Care: A Living in Balance Guide and Workbook,
de Janet Gallagher Nestor.

A Burst of Light,
de Audre Lorde.

Recursos On-Line

Hauswitch Community
https://hauswitchstore.com/blogs/community

Witchcraft on Reddit
https://www.reddit.com/r/witchcraft/

House of Intuition
https://houseofintuitionla.com/collections/hoi-live-online-classes

Haus of Hoodoo
https://hausofhoodoo.com/

The Tarot Lady
https://www.thetarotlady.com/

Interactive self-care diagnostic
https://philome.la/jace_harr/you-feel-likeshit-an-interactive-self-care-guide/play/index.html

The Hoodwitch
https://www.thehoodwitch.com/blog

Tarot for the Wild Soul
https://wildsoulpodcast.com/

The Witch Wave Podcast
https://witchwavepodcast.com/

Índice Remissivo

Agradecimentos

Obrigada ao meu maravilhoso parceiro, sem cuja paciência, apoio e infinitas xícaras de café, este livro não teria sido escrito. Isso também não teria sido possível sem meu colega de trabalho mais leal, meu cão fiel, que dorme aos meus pés.

Agradeço também ao meu maravilhoso editor e ao meu grupo de redatores, que apoiaram este projeto com comentários, muita animação e uma quantidade nada insignificante de mensagens de texto em pânico.

Minha infinita gratidão às muitas bruxas maravilhosas com quem trabalhei, provenientes de muitas tradições e com muita experiência de vida, que contribuíram com seu conhecimento, comentários, e opiniões sobre as práticas de autocuidado e de magia.

Por fim, nenhuma pesquisa teria sido possível sem a ajuda experiente das bibliotecárias da biblioteca do meu bairro, que mantiveram o compromisso de conseguir livros para mim, apesar dos desafios apresentados pela pandemia.

Theodosia Corinth é bruxa praticante e escritora nascida e residente em Salem, Massachusetts (EUA). Ela escreve e edita em tempo integral, e já atuou como taróloga profissional. Enquanto lança seus feitiços, trabalha com astrologia, tarô e o mundo natural, para se conectar com sua intuição e receber orientação para a escrita de seus livros. Quando não está envolvida com o trabalho de autora, está ocupada cuidando da abundante flora particular que tem em casa.